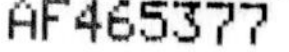

GUIDE DE SAINT-DENIS

MONTJOYE SAINT-DENYS

— 1889 — 1889 —

INDICATEUR

DONNANT L'HISTORIQUE DE LA VILLE
LA DESCRIPTION DES MONUMENTS AINSI QUE LES RENSEIGNEMENTS
RELATIFS A L'ADMINISTRATION MUNICIPALE
ET AUX SERVICES PUBLICS :
CHEMINS DE FER, TRAMWAYS, OMNIBUS, MESSAGERIES
POSTES ET TÉLÉGRAPHES
LES NOTAIRES, MÉDECINS, SOCIÉTÉS DIVERSES, ETC.

AVEC UN PLAN DE LA VILLE

Par ALFRED MARTIN

EN VENTE
ARCHAL, Libraire-Editeur
Correspondant du *Petit Journal*
E COMPOISE, 67, SAINT-DENIS

LE GUIDE DE SAINT-DENIS

SAINT-DENIS. — IMPRIMERIE LÉON MOTTE, 20 BIS, RUE DE PARIS

LE GUIDE DE SAINT-DENIS

1889 — 1889

INDICATEUR

DONNANT L'HISTORIQUE DE LA VILLE
LA DESCRIPTION DES MONUMENTS AINSI QUE LES RENSEIGNEMENTS
RELATIFS A L'ADMINISTRATION MUNICIPALE
ET AUX SERVICES PUBLICS
CHEMINS DE FER, TRAMWAYS, OMNIBUS, MESSAGERIES
POSTES ET TÉLÉGRAPHES
LES NOTAIRES, MÉDECINS, SOCIÉTÉS DIVERSES, ETC.

AVEC UN PLAN DE LA VILLE

Par ALFRED MARTIN

EN VENTE
Chez MARCHAL, Libraire-Éditeur
Correspondant du *Petit Journal*
RUE COMPOISE, 67, SAINT-DENIS

A MES LECTEURS

Mon but en composant ce petit livre était de le rendre utile et intéressant pour le monde; je prie mes chers lecteurs d'être indulgents et de me pardonner si je n'ai pas réussi.

L'AUTEUR.

TABLE DES MATIÈRES

SAINT-DENIS[1]

Armoiries. — Les armes de la ville, d'après d'Hozier, sont : d'azur semé de France au chef d'argent chargé des mots Montjoye-Saint-Denys de Sable. Montjoye-Saint-Denys était, au moyen âge, le cri de guerre de ralliement des Français lorsque marchant aux combats ils étaient précédés de l'oriflamme ou bannière de l'Abbaye de Saint-Denis.

Situation, population, statistique, physionomie générale de la ville, son importance religieuse, civile et militaire, etc., etc.

Situation. — Saint-Denis, qui se trouve à 6 kil. de Paris par le chemin de fer du nord et à 9 kil. par la voie de terre, est un chef-lieu d'arrondissement du département de la Seine. Ancienne et jolie ville, commerçante et industrielle d'une *population* de 48.009 habitants d'après le nouveau dénombrement (y compris la plaine Saint-Denis).

Cours d'eau. — Saint-Denis est situé sur la rive droite de la Seine et sur un canal de 6.647 mètres de longueur qui met le fleuve en communication avec lui-même par le canal Saint-Martin, il abrège ainsi de 16 kil. le trajet du pont d'Austerlitz à la Briche (30 kil. par la Seine, 14 kil. par les canaux). Deux ponts suspendus font communiquer Saint-Denis avec la rive gauche de la Seine et avec l'île Saint-Denis. Les ruisseaux le Croult, qui prend sa source au-dessus de Thillay (Seine-et-Oise) et qui reçoit la Vieille Mer à l'Est de la ville, ainsi que le Rouillon, qui naît dans

(1) Voir le plan de la ville.

le voisinage de la forêt de Montmorency, près de Bouffémont (Seine-et-Oise) et qui rejoignent le fleuve au hameau de la Briche, sont d'une grande utilité pour les nombreuses et importantes usines de la ville.

Importance religieuse. — Saint-Denis est un des trois archidiaconés du ressort de l'archidiocèse de Paris. — Cure de 1re classe. — Bibliothèque religieuse.

Importance civile. — Monuments, Bâtiments publics et communaux. — Saint-Denis est remarquable par sa puissante cathédrale, abbaye jadis consacrée aux sépultures des rois de France. L'Eglise paroissiale, dite la Nouvelle Eglise, la petite Paroisse. L'Hôtel de Ville. Maison d'éducation de la Légion d'honneur. Postes et Télégraphes. Succursales de la Banque de France et de la Société générale pour favoriser le développement du commerce et de l'industrie. Compagnies des Eaux et du gaz. Hôpital civil. Groupes scolaires. Nombreuses bibliothèques publiques. Asiles de vieillards des deux sexes. Crèche et Orphelinats. Recette municipale. Caisse d'épargne. Buste de la République. Promenades sur les cours (anciens remparts de la ville). Le square Thiers, magnifique jardin de la ville où se voit la statue de Vercingétorix. Belle et vaste caserne. Et le cimetière remarquable par quelques tombeaux : le Christ du caveau provisoire et le monument commémoratif élevé par la ville aux soldats morts pour la défense de la patrie en 1870-1871 Enfin, la ville est dotée de quatre puits artésiens qui alimentent la population d'une eau saine et potable.

Commerce et Industrie. — Le commerce de Saint-Denis se compose de farine, vins, vinaigre, bois, laine, distilleries, brasseries, etc. L'industrie y est très active, articles en caoutchouc, impressions sur étoffes, fonderies de fer, de cuivre, de cobalt, de nickel, de plomb, tanneries, ganterie, verreries, produits chimiques, cartonnerie, fabrique de canons (système Hotchkiss), forges et ateliers de construction, etc., etc.

Importance militaire. — Place forte depuis 1842, Saint-Denis fait partie du système de fortifications de Paris, et encore actuellement il a son importance militaire comme défense de deuxième ligne. — Défendu par une enceinte, le fort de la Briche, sur la rive droite de la Seine, près le chemin de fer, le fort de la Double Couronne, situé à l'extrémité nord de la ville, et par le fort de l'Est, Saint-Denis fait encore partie du gouvernement militaire de Paris et, en cas de mobilisation du 2e corps d'armée dont le quartier général se trouve à Amiens, et qui comprend : l'Aisne, l'Oise, la Somme; Pontoise dans Seine-et-Oise; et dans la Seine, Saint-Denis, Pantin et les Xe, XIXe et XXe arrondissements de Paris.

Communications. — La grande route de Paris à Calais, Rouen, Beauvais et Amiens traverse la ville de Saint-Denis.

Moyens de transport. — Saint-Denis est en communication directe avec Paris par le chemin de fer du Nord, un train tramway à vapeur, et desservi, en outre, par deux lignes d'omnibus-tramways, dont l'une traverse la ville dans sa longueur.

Fêtes et foires. — La fête, dite du Landit (1), en juin, se tient sur le boulevard Châteaudun et cours Ragot. La foire aux moutons a lieu à la même époque sur les promenades du cours Benoist. La fête de Saint-Denis, 9 octobre, se tient sur les promenades des cours Benoist, Chavigny et place de la caserne. Celle, dite de la Reine Blanche, en mai, se tient au hameau de la Briche. La fête de la Plaine Saint-Denis a lieu en août et se tient sur les contre-allées de l'avenue de Paris. Une autre fête, qui se tient sur le boulevard Ornano (Quartier Pleyel), a lieu en mai de chaque année.

Physionomie générale. — Voici le côté curieux de Saint-Denis et la description qu'en fait l'auteur des *Environs de Paris* : « L'aspect de Saint-Denis répond à sa double origine. Ville religieuse et marchande, singulièrement développée par l'industrie, elle apparaît au voyageur hâtif, comme une agglomération confuse et serrée d'églises, de

(1) Cette foire célèbre, dont autrefois l'évêque de Paris, accompagné du recteur de l'Université et des étudiants, faisait l'ouverture avec solennité, remonte, dit-on, à Charlemagne.

boutiques et d'usines; populeuse, remuante, mais noire, irrégulière et compliquée, comme si on l'avait, au hasard des filons, creusée et taillée dans une mine de houille. A la voir des talus du chemin de fer du Nord, on ne peut se défendre d'un certain étonnement. A deux lieues à peine de Paris, c'est déjà la cité manufacturière, barbouillée de fumée, agitée d'un labeur incessant. Fabriques, forges, laboratoires, vastes ateliers se touchent, s'emboitent, retentissent de bruits énormes : martellement d'enclumes, sifflements de laminoirs, grincements de machines, bouillonnement de cuves. Entre les bâtiments badigeonnés de suie, parmi les cours saupoudrées d'escarbilles et d'où se haussent cent cheminées à panaches, le long des hangars bondés de matières premières, passe et repasse, maniant le fer incandescent, manipulant les matières dangereuses, explosibles comme la foudre, une fourmilière d'hommes, le visage bronzé au contact du feu, ou coloré par les poussières des produits chimiques.

Dans le voisinage immédiat de la Seine, des boulevards et du canal, le long des ruisseaux le Croult et le Rouillon, qui font tourner des moulins et travailler des teintureries, elle se groupe, mugit, se meut : là se trouvent des chimistes, des fondeurs, les tréfileurs, les verriers, les émailleurs, les amidonniers, les parfumeurs, les fabriques de bougies, de couleurs et de vernis; là, se font les besognes utiles, mais périlleuses ou répugnantes, redoutées et prudemment éloignées de Paris ; l'exploitation des détritus et des dépouilles animales, la préparation des engrais et des cuirs, la fabrication des huiles à graisser et des benzines, le lavage des peaux et des laines ; là sont installés largement les établissements de matières colorantes et de produits chimiques des Maletra, Coignet et Cie, Perrier et Dalsace, les Dorvault, Coëz, Meissonier, Létrange et Cie, les fonderies et laminoirs des forges de Saint-Denis, la société industrielle et commerciale des métaux (anciens établissements de J. Laveissière et Cie), les fabriques de cuirs de Leven, Floquet, Combes et Oriol, les ateliers et chantiers de constructions de Saint-Denis (ancienne société Maze et Voisine), Roser, Schweitzer, Belleville et Cie ainsi que les ateliers et chantiers de la Loire (anciens établissements Claparède et Cie), l'orfévrerie Christofle, la ganterie Courvoisier-Bourgoin et Cie, la fabrique de canons Hotchkiss, enfin la fabrique d'émaux Guilbert-Martin et la cartonnerie Dubois. L'atmosphère saturée par toutes ces odeurs chaudes est heureusement rafraîchie, assainie, par l'air salubre qui souffle des longues plaines du Nord et de l'Ouest.

Cette ville saisissante, la seule aperçue du voyageur que le railway emporte vers le Nord, n'est que le faubourg moderne de Saint-Denis ou plutôt c'est une ville ajoutée à l'ancienne par l'industrie, si prospère qu'en vingt ans elle a doublé la population du pays, laquelle était en 1789 de 3,000 individus, de 6,000 en 1826, de 16,000 en 1860, et dépasse aujourd'hui le chiffre de 43,000. »

Arrondissement de Saint-Denis

51 Communes. — 351,858 habitants

LÉGENDE DES RENSEIGNEMENTS RELATIFS AU SERVICE POSTAL ET TÉLÉGRAPHIQUE

(P.) Recette de postes. (T.) Bureau télégraphique. (P-T.) Services fusionnés. (P T.) Services non fusionnés. (R M.) Recette municipale. (C de F.) Station de chemin de fer. (C de F T.) Gare ouverte au service télégraphique.

L'arrondissement de Saint-Denis comprend 4 cantons qui sont : Courbevoie, Neuilly, Pantin et Saint-Denis; desquels dépendent :

1° de Courbevoie

7 Communes

(78.770 habitants)

Asnières.... 15,203 h. (C de FT) (P-T)
Colombes... 14,254 h. (C de FT) (P-P)
Courbevoie.. 15,937 h. (C de FT) (P-P)
Gennevilliers 4,448 h. (P-T).
Nanterre.... 5,509 h. (C de FT) (P-T)
Puteaux.... 15,736 h. (C de FT) (P-T)
Suresnes.... 7,683 h. (C de FT) (P-T)

2° de Neuilly

4 Communes

(119,070 habitants)

Boulogne.... 30,084 h. (P-T)
Clichy....... 26,741 h. (P-T)
Levallois-Perret........ 35,649 h. (C de FT) (P-T)
Neuilly...... 26,596 h. (P-T)

3° de Pantin

10 Communes

(52,011 habitants)

Bagnolet....	5,280 h.	(P-T)
Bobigny.....	1,335 h.	(C de F. T)
Bondy.......	3,004 h.	(C de F) (P-T)
Bourget (Le).	2,039 h.	(C de FT) (PT)
Drancy......	934 h.	
Lilas (Les)..	5,887 h.	(P-T)
Noisy-le-Sec.	4,823 h.	(C de FT) (P-T)
Pantin......	19,170 h.	(C de F) (P-T)
Pré-St-Gervais (Le).	7,433 h.	(P-T)
Romainville..	2,106 h.	

4° de Saint Denis

10 Communes

(102,007 habitants)

Aubervilliers	22,223 h.	(P-T)
Courneuve (La)	1,251 h.	(C de F) (P)
Dugny.......	643 h.	
Epinay......	2,362 h.	(C de F) (P-T)
Ile-St-Denis (P)	1,656 h.	(C de F) (P-T)
Pierrefitte...	1,609 h.	(C de F) (P-T)
St-Denis....	48,009 h.	(C de F) (P-T)
St-Ouen.....	21,404 h.	(P-T)
Stains......	2,288 h.	(C de F) (P-T)
Villetaneuse.	562 h.	

Origine et historique de la Ville.

La ville de Saint-Denis doit son origine au saint dont elle porte le nom.

On sait d'après une légende que le corps du saint évêque après sa décollation prit entre ses mains sa tête sanglante, et qu'il la porta à la distance de six milles, à travers les forêts qui couvraient la plaine jusqu'à la villa Catulle. Il paraît d'après cette légende que ce fut vers l'an 250 (1) de J.-C. pendant la persécution allumée sous l'empereur Dèce, au temps du pontificat de Saint-Fabien, qu'une pieuse femme, nommée Catulle, fit élever dans ce lieu un tombeau pour inhumer les restes du saint martyr, apôtre des Gaules et premier évêque de Paris, et de ses compagnons de supplice Saint-Rustique et Saint-Eleuthère, martyrisés avec lui à Montmartre. Un peu plus tard, elle leur fit construire un mausolée et environ deux siècles après, Sainte-Geneviève, patronne de Paris, enferma ce tombeau dans une chapelle.

Des miracles (2) qui se produisirent sur le tombeau des saints attirèrent les fidèles; en même temps de nouvelles habitations s'élevèrent et ce village était déjà peuplé, quand Dagobert Ier remplaca cette chapelle par une abbaye de bénédictins et par une église consacrée en 636, autour desquelles se groupèrent encore quelques maisons qui formèrent bientôt un bourg autour du tombeau vénéré, et qu'on appela

(1) Peu de dates ont été plus controversées que celle du martyre de Saint-Denis.
(2) Doublet : Histoire de l'abbaye de Saint-Denis.

Catulliacum, plus tard *Franciacum*, et enfin Saint-Denis en France.

C'est donc là que la ville prit naissance. Saint-Denis ne fut entouré de murs qu'au neuvième siècle. Cette première clôture est due à Charles-le-Chauve, qui la fit commencer.

Elle était à cette époque une espèce de fortification qui servait d'abri aux habitants pour se mettre en sûreté. Cette enceinte ne tarda pas à être peuplée, à se remplir d'églises et de chapelles.

C'est à Saint-Denis, pour faire son oraison dans l'église, que l'empereur Charles IV, s'arrêta en 1377, dans sa visite à Charles V. Des fêtes splendides y furent données en 1389. lorsque Louis et Charles, fils du duc d'Anjou, roi de Sicile, furent armés chevaliers.

Autrefois la ville était fortifiée par des ouvrages en terre. Pillée en 1410 par les Bourguignons. Les Armagnacs la prirent en 1411, puis ensuite les Anglais, qui l'évacuèrent en 1429 et la réoccupèrent bientôt après; la ville leur fut enlevée le 31 mai 1435, puis de nouveau perdue, et enfin reconquise définitivement en 1436. Pendant les guerres de la religion, les protestants s'en emparèrent en 1561 et en 1567, et ce fut dans la plaine qui l'entoure que le 10 novembre de la même année, le connétable de Montmorency livra au prince de Condé une bataille sanglante où ses troupes furent victorieuses mais où il fut mortellement blessé. Assiégée par Henri IV, la ville est forcée de se rendre le 8 juillet 1590; il y établit plus tard son quartier général lorsqu'il assiégea Paris et fit son abjuration solennelle dans la cathédrale de Saint-Denis, le dimanche 25 juillet 1593. Saint-Denis fut inutilement attaqué le 2 juillet 1591 par le chevalier d'Aumale qui y fut tué. Pendant la Fronde, en 1652, il fut momentanément occupé par le prince de Condé.

C'est à Saint-Denis, au lieu dit la maison de Seine que fut créée avant la Révolution, pour Le Blanc (Nicolas) chimiste, une usine pour servir à l'application de son procédé inventé pour l'extraction de la soude du sel marin (soude artificielle).

Il s'associa, pour l'exploitation en grand de son procédé, le duc d'Orléans, Henri Shée, administrateur des deniers du prince, et Dizé, préparateur de chimie au collège de France, mais bientôt les événements de la Révolution amenèrent le séquestre des biens du duc d'Orléans, et, par suite, celui de la fabrique dans laquelle il était intéressé. Le Blanc s'était assuré la propriété de son procédé par un brevet d'invention en 1791; mais à l'appel du Comité du salut public, qui demandait le sacrifice généreux de toute espèce de secret pour la patrie, il autorisa la publication de son procédé. Le Blanc, ruiné, tomba dans la détresse et se tua de désespoir.

Le Blanc, né à Issoudun en 1753, est mort en 1806.

Saint-Denis était avant la Révolution une ville toute religieuse; bien qu'elle n'eût pas plus de 3,000 habitants, elle n'avait pas moins de sept paroisses, un prieuré sous l'invocation de Saint-Denis de l'Estrée, un couvent de Récollets, des couvents d'Annonciades, de Filles de Sainte-Marie, d'Ursulines et de Carmélites, dont la plupart ont été vendus, démolis et morcelés. La disette de 1789 provoqua à Saint-Denis, le 1er août, des troubles dans lesquels succomba M. Châtel, lieutenant du maire. A l'époque de 1793, la ville perdit son nom et reçut celui de *Franciade*. En 1814, Saint-Denis fut attaqué par une forte division russe, défendu par une faible garnison et une garde nationale peu nombreuse conduite par le brave commandant Dézobry qui fut décoré pour ce fait, la ville n'ouvrit ses portes qu'après la capitulation de Paris. La ville de Saint-Denis a été bombardée par les Allemands pendant la guerre de 1870-1871.

PERSONNAGES REMARQUABLES

Parmi les personnages remarquables à divers titres nés à Saint-Denis, nous citerons :

Béroald (Mathieu), théologien et historien, fut professeur d'hébreu à Orléans et ministre de l'Evangile à Genève où il enseigna également la philosophie. Mort en cette ville en 1576. Il fit aussi des cours d'histoire à Sedan.

Séguier (Dominique), né en 1593, devint doyen de l'Eglise de Paris, puis évêque d'Auxerre en 1632 et ensuite de Meaux en 1637. Aumônier de Louis XIII auquel il administra les derniers sacrements. Mort en 1659.

Villiers (Cosme de), né en 1683, religieux carme, érudit historien et biographe. Mort à Orléans en 1758.

GAUDIN (Martin-Michel-Charles, duc de Gaëte), financier, ministre et administrateur, né en 1756. Fut l'un des commissaires nommés pour la Trésorerie instituée par la Constituante en 1791. Bonaparte, sous son consulat, le nomma ministre des finances. Napoléon Ier le nomma comte en 1808 et duc de Gaëte en 1809. Gaudin fit constituer la Cour des comptes et commencer le cadastre. Elu député par le département de l'Aisne en 1815 et en 1816. Louis XVIII le fit, en 1820, gouverneur de la Banque de France, poste qu'il conserva jusqu'en 1834, époque où il prit sa retraite. Mort à Paris en 1841.

SCHONEN (Auguste-Jean-Marie, baron de), né en 1782. Était procureur général à la Cour d'appel de Paris. Pair de France après 1830. Auteur de plusieurs écrits politiques. Mort à Paris en 1849,

SAMSON (Joseph-Isodore), acteur français et auteur dramatique, né en 1793. Sorti du Conservatoire avec le prix de comédien, il joua d'abord dans la banlieue et en province, puis à l'Odéon, et enfin au Théâtre-Français, dont il devint sociétaire en 1827. Professeur suppléant au Conservatoire en 1829, professeur titulaire en 1836. Il fut le professeur de Rachel. Sa méthode était surtout remarquable par la justesse et la pureté de sa diction. Auteur de diverses pièces. Mort à Auteuil en 1871.

DEZOBRY (Louis-Charles), littérateur français, érudit, né en 1798. On lui doit : *Rome au siège d'Auguste* (1835, plusieurs éditions ; la dernière est de 1870). L'*Histoire romaine en peinture* (1848), et plusieurs autres ouvrages. A été, avec M. Bachelet, un des principaux auteurs de deux dictionnaires très estimés. Mort en 1871.

DEFAUCOMPRET (Charles-Auguste), littérateur, né en 1797. Fut directeur du collège Rollin. Mort à Paris en 1865.

CALÈS (Godefroi), médecin, né en 1799. S'occupa d'une maladie peu connue, la pellagre, sur laquelle il publia un mémoire cité avec éloges. Etabli à Villefranche, il acquit dans cette ville une assez grande influence politique, et fut nommé, après la révolution de 1830, commandant de la garde nationale ; mais il donna bientôt sa démission. Membre du conseil municipal, il proclama la République de 1848, et prit en mains l'administration de la ville. Il fut élu représentant de la Haute-Garonne à la Constituante le sixième sur douze. Ne fut point réélu à l'Assemblée législative et reprit l'exercice de sa profession. Mort à Villefranche vers la fin de juillet 1868.

Darricau (Rodolphe-Augustin, baron), né en 1807. Élève de l'Ecole navale en 1827, capitaine de vaisseau en 1853, s'est distingué en Crimée. Gouverneur de l'Ile de la Réunion en 1858. Nommé contre-amiral en 1864. Mort à Paris en 1877.

CATHÉDRALE-ABBAYE

Place Victor-Hugo

HISTOIRE ET DESCRIPTION SOMMAIRE

Somptueux monument des XIIe et XIIIe siècle. Fondé par Dagobert Ier sur l'emplacement du tombeau renfermant les restes de saint Denis et de ses compagnons de supplice.

Le roi renferma les reliques des Saints dans un petit tombeau construit par saint Éloi et couvert en argent; de là, l'origine du conte populaire d'après lequel toute la basilique aurait été jadis couverte de ce métal. Dagobert voulut être inhumé et le fut en 658 dans l'église qu'il avait construite, et, plus tard, elle servit de sépulture à la plupart des rois de France ses successeurs. Pépin le Bref en entreprit la réédification; commencée en 730, elle ne fut terminée qu'en 775 par Charlemagne. Les Normands saccagèrent l'église en 865 et Charles le Chauve l'entoura de murailles pour lui éviter pareille aventure. Les constructions actuelles sont de Suger, abbé de Saint-Denis, qui commença une nouvelle cathédrale en 1140; elle fut achevée sous Philippe III, le Hardi, en 1281. Les guerres anglaises et celles de la Ligue l'éprouvèrent sérieusement. Saint Louis ne manquait jamais, toutes les fois qu'il se trouvait à Paris, de se rendre à l'abbaye de Saint-Denis, le jour de la fête patronale du 9 octobre, et il en fit son oratoire. C'est à l'abbaye de Saint-Denis qu'étaient conservés les insignes des rois de France.

En 1793, pendant la tourmente révolutionnaire, les sépultures furent violées et les dépouilles mortelles des rois et des reines jetées dans une fosse commune où ils furent brûlées avec de la chaux vive. Les tombeaux, depuis, sont vides, et la plupart même ont été rétablis tant bien que mal, au moyen de fragments provenant du musée fondé à Paris, sous la Convention, pour préserver de la destruction les antiquités nationales. Tous, d'ailleurs, ont été rétablis à peu près tels qu'ils étaient avant la Révolution. Pendant plus de douze ans, l'édifice, dont on avait enlevé le plomb qui formait sa couverture, demeura abandonné à l'état de ruine. Napoléon Ier voulût faire de la cathédrale de Saint-Denis la sépulture de sa race, et il fit commencer, en 1806, sa restauration que Louis XVIII continua, mais qui ne fût terminée qu'en 1841. En 1846, on dut abattre la flèche de la tour Nord de 56 mètres de hauteur qui avait été atteinte par la foudre le 9 juin 1837, et qui, depuis cette époque, menaçait ruine.

La cathédrale de Saint-Denis est l'un des plus magnifiques vaisseaux gothiques que possède la France. Cette église reçût les sépultures des rois de France depuis Dagobert jusqu'à Louis XVIII. Certains de ces tombeaux sont de magnifiques œuvres d'art dues aux grands artistes du XVIe siècle. L'église est cruciforme ; sa longueur est de 108 mètres, sa largeur de 37 mètres et son élévation sous voûte d'environ 30 mètres de hauteur. L'orgue, ouvrage moderne, est un des plus beaux et des plus grands qui existent.

La cathédrale de Saint-Denis a un portail roman sans régularité, deux tours inégales, une rosace défigurée, mais ses trois nefs sont admirables par leurs dimensions, par la légèreté de leurs colonnes et la beauté de leurs chapelles et de leurs vitraux. Sous le chœur s'étend une vaste crypte dont une partie remonte à Pépin le Bref et à Charlemagne. laquelle renferme encore dans sa partie centrale le caveau des Bourbons, muré d'après les ordres de Napoléon III et où reposent dans leurs cercueils posés sur des tréteaux en fer, éclairés par une faible lumière, les cendres de Louis XVI et de Marie Antoinette, de Mme Victoire et de Mme Adélaïde de France, ceux du duc de Berry, fils de Charles X, mort en 1820, et de deux de ses enfants, et enfin de Louis XVIII, mort en 1824. L'intérieur de l'église, scrupuleusement restauré par le célèbre architecte Viollet-le-Duc, surpasse l'extérieur en beauté majestueuse. Muette aujourd'hui, l'église n'est plus guère qu'un sublime musée. Il y avait autrefois dans l'Abbaye un riche trésor d'objets d'art et d'antiquités. Le bombardement de Saint-Denis par les Allemands (23-26 janvier 1871) causa dans la Cathédrale beaucoup de dégâts qui ont été presque tous réparés.

(Consulter les guides spéciaux pour l'histoire et la description partielle des tombeaux.)

Visites. — Les visites de la cathédrale et de ses tombeaux ont lieu tous les jours et toutes les demi-heures sous la conduite des gardiens qui en donnent l'explication :

Le matin, à partir de 8 h. 35 jusqu'à 11 h. 35.

Le soir, depuis midi 05 jusqu'à 5 h. 30 s'il fait encore jour.

Les visiteurs en retard sont autorisés à rejoindre la visite déjà en marche, tant qu'elle n'a pas franchi le grand escalier de l'abside. Ils pourront prendre, avec le groupe suivant, la visite des monuments qu'ils n'auront pas vus.

Les personnes qui désireraient voir les tombeaux en détail, la visite se faisant d'une manière trop rapide, devront d'avance adresser une demande au primicier, qui leur délivrera une permission.

ÉGLISE PAROISSIALE DE SAINT-DENIS

Place de la Nouvelle-Eglise

Edifice public et religieux bâti de 1864 à 1867 par le célèbre architecte Viollet-le-Duc, dans le style ogival du XIIe siècle.

Cette église est un des plus beaux monuments modernes

que possède la ville, tant par la pureté de son style que par la beauté de son clocher. Son intérieur magnifique est bien traité, l'église est cruciforme et renferme un bel autel plusieurs chapelles et une crypte.

Conseil de fabrique. — L'Eglise est administrée par une commission composée de sept membres nommés par le Préfet, sous la présidence d'un de ses membres choisi dans la commission.

Offices. — DIMANCHES ET FÊTES

6 h. du matin. Messe basse. Prône.
7 h. — Messe basse.
8 h. — Messe des Jeunes Gens.
9 h. — Grand'Messe et Prône.
11 h. — Messe des Jeunes Filles.
Midi. — Dernière Messe, Réunion de la Sainte Famille, tous les quinze jours.

LE SOIR

2 h. Vêpres, Salut du Saint-Sacrement.
8 h. Exercice de l'Archiconfrérie : Instruction, Chapelet, Bénédiction.

SEMAINE

Tous les jours à 6 h., 7 h., 8 h. et 9 h. du matin. Messes basses.
Le soir à 8 h. Prière, Lecture, Bénédiction.
Le lundi à 9 h. du matin. Messe pour les défunts de la semaine précédente.
Le Jeudi à 9 h. du matin. Exposition du Saint-Sacrement. Messe et Bénédiction. Le soir à 8 h., Salut.
Le Samedi à 9 h. du matin. Messe de l'Archiconfrérie, pour la conversion des pécheurs.
Les premiers vendredis du mois à 9 h. du matin. Messe du Sacré-Cœur, Instruction, Bénédiction.

L'Église est ouverte : *En été*, de 5 h. 1/2 du matin à 6 h. du soir; *en hiver*, de 5 h. 1/2 du matin à 5 h. du soir. On rouvre l'église tous les soirs à 7 h 1/2 pour la Prière. Les samedis et veilles des Fêtes, l'église restera ouverte toute la journée. — On ne baptise plus une fois l'église fermée.

Tarif des chaises : Une seule chaise, 0 fr. 05
Chaise prie-Dieu, 0 fr. 10
Abonnement : Chaise et prie-Dieu (un an), 12 fr.

Baptêmes. — On peut présenter les enfants au baptême tous les jours. — Les enfants qui résident dans une autre paroisse ne peuvent être baptisés à Saint-Denis sans une autorisation écrite du curé de leur paroisse.

Hors le cas de maladie, il est interdit de donner le baptême à l'église à partir de la tombée de la nuit.

Confessions. — Tous les jours, les fidèles sont assurés de trouver un prêtre à l'église pour entendre leur confession. Le samedi et la veille des Fêtes, tout le clergé est à la disposition des fidèles, toute la matinée jusqu'à midi ; l'après-midi de 2 h. à 6 h. du soir; le soir de 7 h. 1/2 à la fermeture de l'église. — On entend les confessions en Breton, en Allemand, en Italien, en Anglais, en Espagnol. — S'adresser à la sacristie.

Mariages. — En vertu d'une décision de son Éminence Monseigneur le Cardinal Archevêque, les messes de mariage doivent être commencées au plus tard à midi. — Pour tout ce qui concerne le mariage, s'adresser à l'avance à M. le premier vicaire. qui reçoit à son cabinet tous les jours de 7 h. à 8 h. 1/2 du matin, et le jeudi et le samedi de 7 h. 1/2 à 8 h. 1/2 du soir.

Malades. — M. le Curé et tous les prêtres de la paroisse sont au service des malades jour et nuit. — Prière d'avertir sans retard (la sonnette de nuit pour les sacrements est à la porte latérale, rue Suger).

Catéchismes. — CATÉCHISME DE PERSÉVÉRANCE pour les enfants qui ont fait leur première communion.
Jeunes Gens. — Le samedi matin à 8 h. et le dimanche à 5 h. chez les Frères.
Jeunes Filles. — Le samedi à 1 h. et le dimanche à 3 h., à la Chapelle basse.

CATÉCHISME DE PREMIÈRE COMMUNION, pour les enfants qui sont dans la 11e année et qui ont suivi pendant un an le catéchisme préparatoire.

Garçons : Écoles chrétiennes, le lundi et le jeudi à 8 h. du matin.
Écoles communales, le lundi et le jeudi à 1 h. du soir.
Filles : Écoles chrétiennes, le mardi et le jeudi à 8 h. du matin.
Écoles communales, le mardi à 1 h. et le jeudi à 9 h. 1/2 du matin.

Catéchisme préparatoire pour les enfants qui sont dans leur 10e année.
Garçons : Écoles chrétiennes, le mercredi à 8 h. du matin.
Écoles communales, le mercredi à 1 h. du soir.
Filles : Écoles chrétiennes, le vendredi à 8 h. du matin.
Écoles communales, le vendredi à 1 h. du soir.

Catéchisme du soir, pour les enfants qui travaillent en atelier ou en fabrique.
Garçons : Tous les soirs, sauf le dimanche et le jeudi, de de 7 h. 1/2 à 8 1/2. Chez les Frères, rue des Ursulines, 7.
Filles : Tous les soirs, sauf le dimanche et le jeudi, de 7 h. à 8 h. Chez les sœurs, rue de la Fromagerie, 27.

Enfance chrétienne, pour les enfants de 7 à 10 ans.
Garçons : Le jeudi à 2 h du soir.
Filles : Le jeudi à 9 h. 1/2 du matin.

Bibliothèque Paroissiale, ouverte le dimanche, le mardi et le mercredi.

S'adresser à M. le Curé de la paroisse.

Presbytère. — Rue Suger, n° 4.

Sur la place, devant le portail de cette église se voit le

Buste de la République

Coquet petit souvenir municipal élevé par la ville comme hommage fait à la République, et inauguré le 7 octobre 1888.

Le buste en bronze est une copie de l'œuvre de Jacques France, représentant la République des communes déjà connue.

Sur le piédestal on lit : « Les petits-fils à la gloire de leurs aïeux 1789-1888. »

PAROISSE DE SAINTE-GENEVIÈVE

Avenue de Paris, 120 (Plaine-Saint-Denis)

Offices. — Dimanches et Fêtes.

1re messe basse, à 6 h. du matin, avec Instruction et Salut.
2e — à 8 h. — avec Instruction.
Grand'messe, à 9 h. 1/2 — et Prône.
Vêpres, à 2 h. de l'après-midi et Salut.

Le 1er dimanche du mois : Vêpres et procession du Saint-Sacrement.

Un sermon est dit en Allemand à 3 heures.

Catéchisme préparatoire à la 1re communion : le lundi et le jeudi à 10 h. 1/2 du matin.

Catéchisme de première année : le mercredi à 10 h. 1/2 du matin.

Catéchisme des petits enfants : le 1er mardi de chaque mois.

Catéchisme pour les enfants qui travaillent en atelier ou en fabrique : le lundi et le jeudi de chaque semaine, de 1 h. 1/2 à 2 h. 1/2 de l'après-midi.

Presbytère. — Avenue de Paris, 120.

PETITE PAROISSE

Place de la Petite Paroisse

Joli et magnifique petit temple catholique, et qui jadis était la chapelle des Carmélites, dont le couvent est à côté. Il fut bâti en 1750 sous Louis XV par l'architecte Mique. Élevé de plusieurs marches au-dessus du sol, il consiste en une retonde surmontée d'un dôme et précédée d'un péristyle grec, avec colonnes ioniques et fronton triangulaire. Le style en est agréable. A l'intérieur on lit au-dessus d'un banc d'œuvre une inscription rappelant la mémoire :

DE LA TRÈS RÉVÉRENDE MÈRE THÉRÈSE DE SAINT-AUGUSTIN,
LOUISE-MARIE DE FRANCE,
FILLE DU ROI TRÈS CHRÉTIEN LOUIS XV,
QUI PRIT L'HABIT DE L'ORDRE DU MONT-CARMEL, LE 10 SEPTEMBRE 1770.

Louise-Marie de France, était la huitième et dernière fille de Louis XV et de Marie Leczinska. Née à Versailles le 15 Juillet 1737, elle était entrée au couvent des Carmélites, le 11 avril 1770 où elle prononça ses vœux le 2 septembre 1771, devint supérieure et mourut à Saint-Denis, le 23 décembre 1787. Son centenaire fut célébré dans cette paroisse en 1887. Avant 1864, la chapelle des Carmélites servait encore d'église paroissiale, et c'est à cette époque que fut construite la nouvelle église de Saint-Denis. Cette chapelle ne sert plus qu'à de rares cerémonies.

Offices. — Une messe basse est dite tous les dimanches et fêtes à 8 h. du matin en hiver et à 7 h. en été.

Visible tous les jours de 8 h. du matin à 5 h. du soir.
S'adresser au concierge et aux Carmélites.

HOTEL DE VILLE

Place Victor-Hugo

Édifice magnifique et élégant en style Renaissance, bâti en 1883, il est l'œuvre de l'architecte Laynaud. Façade monumentale, intérieur vaste bien éclairé par de hautes fenêtres, avec trois larges baies d'entrée au rez-de-chaussée fermées par de belles grilles. Son style avec ses lignes sévères rappelle un peu celui des maisons communes de Flandre. Surmonté des armes de la ville, on y peut lire, le cri national d'antan : « Montjoie et Saint-Denys ! »

Dans la salle des séances du Conseil municipal, se voit, l'inscription suivante :

L'AN MIL HUIT CENT QUATRE-VINGT-TROIS,
GRÉVY, PRÉSIDENT DE LA RÉPUBLIQUE,
WALDECK-ROUSSEAU, MINISTRE DE L'INTÉRIEUR,
POUBELLE, PRÉFET DE LA SEINE,
BOURGEOIS, SECRÉTAIRE GÉNÉRAL.

Ce monument a été érigé sous l'administration de MM. Gibault. maire, Pénot, Chatenoud, Leroy, adjoints; Termoz, Hanctin, Vignaud, Chatin, Ducrot, Caen, Loddé, Rémy, Delorme, Landry, Dupuis, Costet, Thouet, Chibert, Graf, Galand, J. Bertin, Roser, Frey, Cochu, Hennequin, Blot, Troussel, Vuitton, Delaître, Chambard, conseillers municipaux.

P. Laynaud, architecte.

Représentation législative

La ville de Saint-Denis est représentée *au Sénat* par cinq Sénateurs élus pour tout le département de la Seine, dont deux sont inamovibles et les trois autres renouvelables tous les six ans, par suite du tirage effectué le 29 mars 1876.

A la Chambre, par un groupe de Députés représentant la circonscription de Saint-Denis et tout le département de la Seine, élus par le suffrage universel pour cinq années.

Au Conseil général, par un conseiller élu par le canton de Saint-Denis, et par deux Conseillers d'arrondissement élus pour six ans, renouvelés par moitié tous les trois ans et indéfiniment rééligibles.

Bureau des communes

Depuis la suppression des sous-préfectures de Sceaux et de Saint-Denis; il a été créé à la préfecture (Hôtel de Ville de Paris), une division spéciale pour la banlieue, Seine.

État civil

L'Etat civil de la ville de Saint-Denis, chef-lieu d'arrondissement dont le Tribunal de 1re instance est à Paris; comporte un Maire et trois Adjoints, un Secrétaire, un Conseil municipal composé de 28 Membres, un Juge de Paix, deux suppléants, un Greffier, deux Commissaires de police, deux Notaires, deux Huissiers, un Capitaine et deux brigades de gendarmerie; l'une à pied et l'autre à cheval, un Architecte-Voyer, un Percepteur, deux directions de postes et télégraphes, un bureau de papier timbré.

Conseil municipal

La ville est administrée par 32 Conseillers municipaux

élus au scrutin de liste à la majorité plus une voix, par les électeurs, pour une période de cinq années.

Dans le sein du Conseil, sont nommés à la majorité des membres élus, le Maire et ses Adjoints.

Les séances du Conseil municipal sont publiques et ont lieu à l'Hôtel-de-Ville, quand il est nécessaire, de 8 h. à 10 h. du soir.

Revision annuelle de la Liste électorale

En exécution des décrets organique et réglementaire des 2 février 1852 et 13 janvier 1866 et de la loi du 7 juillet 1874, les rectifications apportées à la liste électorale sont déposées au secrétariat de la mairie.

Les réclamations à fin d'inscription ou de radiation seront reçues à la mairie pendant vingt jours consécutifs de 10 heures du matin à 4 heures du soir, du 15 janvier au 4 février inclusivement et ce dernier jour jusqu'à minuit.

Passé ce delai il ne pourra plus être reçu de réclamation.

Il sera établi une liste électorale unique, par application de la loi du 5 avril 1884, article 14 ainsi conçu :

« Les conseillers municipaux sont élus par le suffrage direct « universel.

« Sont électeurs tous les Français âgés de vingt et un ans « accomplis et n'étant dans aucun cas d'incapacité prévu par « la loi.

« La liste électorale comprend : 1° tous les électeurs qui ont « leur domicile réel dans la commune ou y habitent depuis six « mois ; 2° ceux qui y auront été inscrits au rôle d'une des « quatre contributions directes ou au rôle des prestations en « nature, et, s'ils ne résident pas dans la commune, auront « declaré vouloir y exercer leurs droits électoraux. — Seront « également inscrits, aux termes du présent paragraphe, les « membres de la famille des mêmes électeurs compris dans la « cote de la prestation en nature, alors même qu'ils n'y sont « pas personnellement portés, et les habitants qui, en raison de « leur âge ou de leur santé, auront cessé d'être soumis à cet « impôt ; 3° ceux qui, en vertu de l'article 2 du traité du 10 mai « 1871, ont opté pour la nationalité française et déclaré fixer « leur résidence dans la commune, conformément à la loi du « 19 juin 1871 ; 4° ceux qui sont assujettis à une résidence obli- « gatoire dans la commune en qualité de ministres des cultes « reconnus par l'Etat, soit de fonctionnaires publics.

« Sont également inscrits les citoyens qui, ne remplissant « les conditions d'âge et de résidence ci-dessus indiqués lors de

« la formation des listes, les rempliront avant la clôture défi-
« nitive.

« L'absence de la commune résultant du service militaire ne « portera aucune atteinte aux règles ci-dessus édictées pour « l'inscription sur les listes électorales.

« Les dispositions concernant l'affichage, la libre distribution « des bulletins, circulaires et professions de foi, les réunions « publiques électorales, la communication des listes d'émarge- « ment, les pénalités et poursuites en matière législative, sont « applicables aux élections municipales.

« Sont également applicables aux élections municipales les « paragraphes 3 et 4 de l'article 3 de la loi organique du 30 « novembre 1875 sur les élections des députés. »

Les électeurs sont priés de produire leurs pièces, autant que possible dans les premiers jours du délai ci-dessus indiqué et de fournir en même temps les renseignements qui pourront être nécessaires à la mairie,

N. B. — Les électeurs qui, dans le courant de l'année, ont changé de domicile, sont particulièrement invités à s'assurer par eux-mêmes de leur inscrsiption sur les listes électorales.

Distribution des Cartes

Le Maire de la ville de Saint-Denis prévient toujours MM. les Electeurs inscrits sur la liste électorale, quelques jours avant les élections d'avoir à retirer leur carte à la mairie de 8 h. du matin à 6 h. du soir.

Les cartes non retirées peuvent être réclamées par les Electeurs pendant toute la durée du scrutin au lieu même du vote.

Il est mis à la disposition des Electeurs, des bulletins blancs sur lesquels ils peuvent par avance inscrire leur vote.

Élections

La ville est divisée en 5 sections :

Lieux de vote.

La 1re section vote à la Mairie.
La 2e — vote à l'école, rue de la Légion d'honneur, 27.
La 3e — vote à l'école, rue du Corbillon, 8.
La 4e — vote à l'école, rue Francklin, 3.
La 5e — vote à l'école communale de la Plaine Saint-Denis, avenue de Paris, 120.

Le scrutin est ouvert les jours d'élections de 8 h. à 6 h. du soir.

Le dépouillement des votes a lieu immédiatement devant les électeurs, après la clôture du scrutin.

Recette municipale

Ouverte au public tous les lundi, mardi, mercredi et vendredi de 10 h. à 3 h. du soir.

Caisse d'Épargne

(Fondée en 1818).

Établissement d'utilité publique, la Caisse d'épargne a pour objet de recevoir et de faire fructifier les économies qui lui sont confiées. Les fonctions des directeurs, censeurs et administrateurs sont entièrement gratuites

Succursale à Saint-Denis, ouverte au public tous les dimanches de 9 heurss à midi. Les dimanches, jours de fêtes légales, c'est-à-dire, Pâques, Pentecôte, Assomption, Toussaint, Noël, la caisse est ouverte le lundi aux mêmes heures.

Instructions extraites des statuts, lois et règlements

La caisse d'épargne reçoit jusqu'à 2.000 francs, versés en une ou plusieurs fois. Aucun versement ne peut être inférieur à 1 franc, le compte des déposants ne peut dépasser 2.000 francs.

La caisse d'épargne achète de la rente sur l'Etat pour tout déposant qui en fait la demande et dont le crédit est suffisant. Les achats sont faits sans frais pour le déposant, et, les titres de rentes achetés à la volonté des demandes sont conservés par la caisse d'épargne.

Les remboursements sont effectués tous les jours de la semaine, excepté le dimanche, à la caisse centrale, rue Coq-Héron, 9, à Paris, de 10 h. à 1 h., sans demande préalable, sur la simple présentation du livret.

Les déposants qui désirent être remboursés à la succursale, de tout ou partie de leur compte, n'ont qu'à s'y présenter avec leur livret le dimanche, ils y sont remboursés le dimanche suivant.

Il est délivré des procurations imprimées pour ceux des

déposants qui seraient dans l'impossibilité de se rendre eux-mêmes, soit à la caisse centrale, soit dans une succursale, pour le remboursement. La signature du déposant doit être certifiée au bas de la procuration par le maire de sa résidence.

Si le déposant ne peut ou ne sait signer, la déclaration, par laquelle il charge un tiers sachant signer de recevoir pour lui et en son nom, doit être signée par le maire.

En cas de décès d'un déposant, ses héritiers doivent, munis du livret du défunt, se présenter à la caisse centrale, où ils recevront les instructions nécessaires pour retirer les fonds appartenant à la succession.

La Caisse d'épargne sert d'intermédiaire à tout déposant qui veut disposer d'une partie quelconque de son avoir pour en faire passer le montant à la caisse des retraites pour la vieillesse. Les demandes sont reçues tous les jours à la caisse centrale.

Toutes les lettres et réclamations doivent être adressées, franches de port, à l'agent général, rue Coq-Héron, 9, à Paris.

Bureaux de l'état civil.

Les bureaux de la mairie sont ouverts tous les jours au public, de 9 heures du matin à 5 heures du soir, sauf les dimanches et jours de fêtes, où ils ne sont ouverts que de 9 heures à midi.

Les actes de l'état civil doivent être dressés en présence de témoins, ayant vingt et un ans accomplis, qui peuvent être parents des parties, sachant ou non signer, mais n'ayant pas été condamnés à une peine infamante ou privés par jugement du droit de paraître comme témoins dans les actes : ces témoins, sauf ces exceptions et sauf aussi le cas où ils figureraient dans l'acte à un autre titre que celui de témoins, ne peuvent être récusés par les officiers de l'état civil.

Déclaration de naissance. — La déclaration de naissance doit être faite à la mairie de la commune sur le territoire de laquelle cette naissance a eu lieu (l'officier de l'état civil d'une autre commune ne pourrait la recevoir), et dans les trois jours de l'accouchement. Ce délai est de toute rigueur ; une fois passé, l'officier de l'état civil compétent ne peut plus recevoir la déclaration, et l'acte constatant la naissance ne peut être inscrit sur les registres qu'en vertu d'un jugement que le retardataire doit obtenir à ses frais. Le défaut de déclaration dans les délais prescrits est puni d'un emprisonnement de six jours à six mois et d'une amende de 15 à 300 francs.

Décès. — Lorsqu'un décès a lieu, la déclaration en doit être faite dans les vingt-quatre heures, à la mairie de la commune où le fait s'est produit, par deux personnes, les plus proches du défunt, ou, à leur défaut, deux voisins. Ces deux personnes, à la fois déclarants et témoins, doivent, autant que possible, donner les renseignements suivants : les lieu, jour et heure du décès; les nom, prénoms, âge, domicile et profession du défunt. Cette déclaration ne suffit pas pour obtenir l'inscription de l'acte de décès et le permis d'inhumation, car elle est censée supposer et non attester la mort; ce n'est que sur le vu du certificat du médecin chargé ordinairement de vérifier les décès, que l'acte est inscrit et le permis d'inhumer délivré.

Mariage. — Les conditions requises pour qu'il puisse être procédé au mariage sont : 1° que les époux aient l'âge requis, soit dix-huit ans pour les hommes, et quinze ans pour les femmes; 2° qu'ils n'aient jamais été mariés, ou bien, s'ils l'ont été, que leur mariage soit dissous, soit par la mort de l'autre conjoint, soit par annulation; 3° qu'ils ne soient ni parents, ni alliés, soit en ligne directe à l'infini, soit en ligne collatérale entre le frère et la sœur et les alliés au même degré; le mariage est également prohibé entre l'oncle et la tante, le neveu et la nièce; le chef de l'État peut cependant, pour des causes graves, dont il faut justifier, permettre le mariage entre le beau-frère et la belle-sœur, l'oncle et la nièce, le neveu et la tante, de même qu'il peut aussi, pour les mêmes causes graves, accorder la dispense d'âge; 4° il faut aux futurs le consentement de leurs parents ou des personnes sous la puissance desquelles ils se trouvent au moment du mariage, ou, si leur consentement n'est plus nécessaire, c'est-à-dire quand l'homme à vingt-cinq ans et la femme vingt et un, leur conseil, qu'on obtient tel quel, en leur notifiant, par des actes respectueux, l'intention où l'on est de contracter mariage; il faut enfin, pour que l'officier de l'état civil puisse recevoir valablement l'acte de mariage, le consentement des époux eux-mêmes, ce qui est trop naturel.

Les mariages ont lieu tous les jours à la mairie, régulièrement de 10 heures à midi.

En faire la demande à M. le maire si l'on préfère se marier à une autre heure.

M. le maire est visible tous les jours à son cabinet, de 10 heures à midi.

MM. les adjoints alternativement tous les jours, de 10 heures à midi.

M. l'agent-voyer est visible tous les jours à son bureau de 10 heures à midi.

Bibliothèque communale.

Cette bibliothèque doit son origine à la Révolution de 1793. Elle est en grande partie composée de tous les ouvrages provenant des anciens couvents et particulièrement de la bibliothèque de l'Abbaye.

On y remarque un grand nombre d'ouvrages de théologie et d'histoire moderne, une belle édition des œuvres de J.-J. Rousseau, imprimé chez Didot le jeune, en 1793, 19 vol. in-folio.

On remarque encore plusieurs autres bons ouvrages, tels que : classiques latins, N. E, Lemaire, 141 vol. in-8°, 1825, etc., etc.

Pour visiter la bibliothèque, il faut en demander l'autorisation à M. le maire.

MAISON D'ÉDUCATION

DE LA LÉGION D'HONNEUR

Rue de la Légion-d'Honneur, 5

Grands et vastes bâtiments provenant de l'Abbaye des bénédictins qui fut supprimée en 1790, et dans lequel fût installée, en 1804, la Maison de la Légion d'honneur, établissement fondé par Napoléon Ier et destiné aux filles des officiers décorés de la Légion d'honneur.

La Maison de Saint-Denis et ses deux succursales Ecouen et Les Loges (Seine-et-Oise), sont placées sous la surveillance et l'autorité du grand chancelier, qui présente les élèves à la nomination du président de la République.

Situés à côté de la cathédrale, les bâtiments de la maison d'éducation de la Légion d'honneur eurent pour origine un palais que le moine Fardulf fit construire pour recevoir l'empereur Charlemagne et ses successeurs, lorsqu'ils venaient à Saint-Denis assister aux grandes cérémonies qu'on y célébrait à certaines époques de l'année. Mais, par la suite, les rois de la troisième race ayant renoncé à l'habiter, ce palais devint inutile, et Philippe Ier le donna à l'Abbaye.

Depuis cette époque, cette maison et les bâtiments immenses qu'on y ajouta en 1767, et qui méritent une attention particulière par leur grandeur et leur magnificence, servirent de bâtiments claustraux aux religieux de l'abbaye, jusqu'à l'époque de la Révolution.

En 1793, ces bâtiments furent abandonnés à la municipalité, qui installa dans les salles du rez-de-chaussée l'administration du district de Saint-Denis. Le club des Sans-Culottes y tint aussi ses séances, dans la salle du premier étage, auquel on parvient par un grand escalier garni de rampes très remarquables.

En 1795, la commission militaire instituée par le Directoire, ainsi que les commissaires des guerres, s'y installèrent, et quelques années après, ce monument servit d'hôpital militaire, jusqu'à l'époque ou l'empereur Napoléon Ier, par un décret qu'il rendit le 39 mars 1809, y institua la maison de la Légion d'honneur, consacrée à l'éducation gratuite de 300 jeunes demoiselles, filles, sœurs, nièces ou cousines des membres de l'ordre qu'il avait institué quelques années auparavant.

En juillet 1814, le roi Louis XVIII modifia les statuts de la maison d'Ecouen, qui fut réunie à celle de Saint-Denis.

Une seconde ordonnance de 1816, fixa plus particuliérement l'organisation de cette maison ; et plus tard une troisième ordonnance lui donna le premier rang parmi les trois maisons qui restaient; celles des Loges et d'Ecouen ne furent alors regardées que comme des succursales.

Les places gratuites, dont le nombre est fixé à 400, sont réservées aux filles légitimes des membres de la Légion d'honneur sans fortune, ayant au moins le grade de capitaine ou une position civile correspondant à ce grade. 57 places d'élèves, aux frais des familles, sont réservées aux filles, petites-filles, sœurs, nièces ou cousines de l'ordre.

On enseigne aux élèves la lecture, l'écriture, le calcul, la grammaire, l'histoire, la géographie, le dessin, la musique, la danse, la botanique usuelle.

Elles font leurs robes, leur linge et celui de la maison, et apprennent tout ce qui est nécessaire à une mère de famille pour la conduite de l'intérieur de sa maison. Les élèves sont admises de 9 à 11 ans, en commençant par celles qui sont le plus près d'atteindre la limite d'âge. Il ne peut être accepté qu'une seule place gratuite par famille. Toute jeune fille, au moment de son admission, doit être en état de subir un examen constatant qu'elle sait lire et écrire, et qu'elle possède les premières notions d'histoire de calcul et de grammaire. Avant l'entrée d'une élève gratuite ou pensionnaire, les parents paient la somme de 300 fr. représentant la valeur du trousseau qui lui est fourni, et doivent remettre l'engagement d'une personne, ayant son domicile à Paris, qui s'oblige à la recevoir à sa sortie définitive, ou pour quelques autres motifs que ce soit. Le prix de la pension d'une élève aux frais des familles est de 1,000 fr. payables par trimestre et d'avance, et si, dans les quinze jours du trimestre qui s'ouvre, le paiement n'est pas effectué l'élève est rendue à ses parents. La sortie des élèves est fixée à 18 ans. La maison de Saint-Denis est régie par une surintendante qui a sous ses ordres le personnel enseignant et administratif, qui se compose de cinq dignitaires de 1re classe, dix dames novices, dix demoiselles novices et vingt postulantes au noviciat. Les dames portent, mais dans l'intérieur de l'établissement seulement, une distinction honorifique qui consiste en une croix à cinq branches émaillées de blanc et surmontées des palmes universitaires.

Les parents qui sollicitent une place gratuite pour leur enfant, doivent adresser leur demande au grand chancelier rue de Lille, à Paris, et joindre à cette demande les pièces suivantes : 1° les états de service du père ; 2° une copie authentique de son titre de nomination comme membre de l'ordre de la Légion d'honneur ; 3° l'acte de naissance de l'enfant dûment légalisé ; 4° son extrait de baptême, légalisé par l'autorité diocésaine ; 5° un certificat de médecin légalisé constatant qu'elle a été vaccinée et qu'elle n'est point affectée de maladie chronique ou contagieuse ; ce certificat doit énoncer, en outre, si l'enfant a eu la rougeole, et si elle est exempte de toute infirmité.

Les parents qui désirent faire admettre leurs enfants comme pensionnaires payantes doivent joindre à leur demande, également adressée au grand chancelier, les trois dernières pièces indiquées ci-dessus, et de plus une copie authentique du titre de nomination, comme menbre de la Légion d'honneur, du parent qui donne à l'enfant le droit d'être admise comme élève pensionnaire.

Un aumônier, plusieurs médecins et un dentiste sont attachés à l'établissement,

Visites. — Les familles, correspondants, etc., sont admis à voir les élèves, deux fois par semaine :

Le jeudi et le dimanche de 2 à 4 heures du soir.

Les succursales de la maison de Saint-Denis sont : 1° le Château d'Écouen (Seine-et-Oise) ; 2° les Loges (forêt de Saint-Germain, Seine-et-Oise)

CASERNE

Place de la Caserne

Cette grande et superbe caserne a été construite jadis hors de la ville dans le temps qu'on élevait celles de Rueil et de Courbevoie, sous le règne de Louis XV.

Il résulte d'un arrêt du conseil du 27 novembre 1756, existant aux archives du gouvernement, que cette vaste construction a été édifiée peu de temps avant le dit arrêté, aux frais du gouvernement, pour les Suisses. D'autre part, elle aurait été construite aux frais de la ville, afin de se dispenser de loger à cette époque des gens de guerre. Ce vaste bâtiment peut contenir 1000 militaires.

Cette caserne est actuellement affectée au service de l'Infanterie. Un puits artésien établi derrière le grand bâtiment en 1824 et reforé à nouveau en 1862, alimente la troupe.

PROMENADES

Les cours Chabrol et Chavigny, le cours Benoist où se tient la fête patronale en octobre ; ensuite le boulevard Châteaudun, le cours Ragot où se tient aussi en juin, la fête dite du Landit, sont de belles et larges avenues bordées d'arbres. Tracées en 1750 sur l'emplacement des anciens remparts de la ville, ces avenues servent aujourd'hui de promenades conduisant le public au

SQUARE THIERS

Cours Ragot

Magnifique jardin municipal établi en 1878, d'une superficie de 18,000 mètres carrés, orné de beaux arbres et de fleurs de toutes variétés, entretenu aux frais de la ville. Kiosque pour concerts populaires, bancs de repos à la disposition du public ; endroit sain et agréable pour la récréation des enfants.

On y remarque la statue de Vercingétorix œuvre du sculpteur Jules Bertin, don offert à la ville par l'auteur en 1884. Le héros gaulois est en plâtre, simili bronze, sur un piédestal bâti de pierre meulière ; il est représenté debout marchant au combat, le glaive à la main, la francisque au côté, écrasant de son pied l'aigle des légions romaines.

Police du square.

1° Il est défendu d'entrer avec des chiens s'il ne sont tenus en laisse;

2° De passer avec des voitures, et brouettes dans les allées, les voitures d'enfants et d'infirmes sont seules admises;

3° De marcher sur les plate-bandes ou sur les gazons;

4° De s'introduire dans les enceintes des pelouses;

5° De monter sur les bancs, d'y déposer du sable, ou des malpropretés ou de les déranger de place;

6° De toucher aux arbres, arbustes et d'en cueillir les fleurs ;

7° De s'introduire dans le kiosque réservé à la musique, ou de circuler sur la plate-forme qui l'entoure;

8° Aux enfants de stationner autour des fontaines, ou d'y jouer avec les tasses, les parents seront responsables des délits de leurs enfants ;

9° Lorsqu'il y aura musique, en outre des bancs, des chaises seront mises à la disposition des personnes qui les préferaient moyennant la rétribution de 0,10 cent.

10° Il est interdit absolument d'installer des tables dans les allées, les marchands de gâteaux, rafraîchissements, etc. devront les tenir à bras.

Le square est ouvert au public de six heures du matin à dix heures du soir, du 1er mai au 31 août. Et de six heures du matin à huit heures du soir, du 1er septembre au 28 février.

ARBRE DE LA LIBERTÉ

Place aux Gueldres

Peuplier planté à l'occasion du Centenaire de la Révolution de 1789 et inauguré aux accents de la *Marseillaise*, par la Municipalité accompagnée de toutes les Sociétés de la Ville, le 5 Mai 1889.

CIMETIÈRE

Avenue Saint-Rémy

Le cimetière de Saint-Denis est sans contredit un des plus beaux des environs de Paris, tant par son entretien que par sa bonne tenue.

On y remarque les tombeaux des familles Fleury-Frise, Simon Bréchon et Descroix, Claparède; les chapelles des familles Tissier, Billon; le tombeau Giot, philantrope et ancien maire de la ville; les chapelles Marie Cailleux, Floquet, Danré et David, Larvelle-Depalens; le monument Guilleminot instituteur de la ville, surmonté d'un buste, hommage de ses élèves; les tombeaux Hallo, ancien maître fondeur, Auguste Desmet, Victor Desmet père, directeur honoraire des *Enfants de Saint-Denis*; le mausolée de la famille Clinard, victimes de l'incendie du théâtre national de l'Opéra-Comique, le 25 mai 1887; le tombeau Haguette, philanthrope et médecin de la ville; celui du docteur Evrard, orné de son médaillon, ancien chirurgien major et ancien médecin de l'hospice civil de Saint-Denis: le tombeau Pénot, ancien adjoint de la ville; ceux des familles Davoust-Hiam, Chocquel, Calon, Devinoy, Revest; les sépultures des Carmélites de Paris et de Saint-Denis; le tombeau Guérin, ancien architecte de la ville; celui de Mlle Louise Guérin, bienfaitrice et philanthrope, fondatrice de l'Orphelinat des garçons; celui de Lebègue, garde national de la ville, tué sur les fortifications pendant l'invasion de 1814, hommage de la ville; ainsi que celui de Maury, commandant de la garde nationale, tué pendant la Révolution de 1848, tombeau élevé aux frais de la garde nationale de la ville; celui de Dézobry, ainsi que celui de Fontaine, philanthrope de la ville; ceux des familles Delagrange, Henri Guillaume, Coëz, Daunay, Renoult, Gitton, Faucheur et Houdart; le tombeau de Luc Méchin, ancien maître des requêtes au conseil d'État, ancien sous-préfet de l'arrondissement de Saint-Denis, hommage de reconnaissance de ses concitoyens; ainsi que celui de Adrien Leroy des Barres, docteur en médecine, chirurgien honoraire de l'hôpital de Saint-Denis, ancien maire de la ville, enfin la chapelle Ternois-Marlet et les sépultures Adolphe Briel et Émile Prouveur, Patenaille, Petit, etc., etc,

Calvaire. — Le Christ du caveau provisoire est l'œuvre de Girard (1870). Taillé dans la pierre dure, il est remarquable par sa sculpture hardie, découpé dans un seul bloc de pierre de trois mètres de hauteur, reposant sur un socle à base octogonale, exhaussé de trois marches en pierre.

Tombeau commémoratif des soldats morts pour la Patrie en 1870-1871

Ce monument élevé par la ville à la mémoire des soldats morts pour la défense en 1870-1871 est vénéré de la population Dyonisienne, qui croirait manquer à son devoir, si elle n'accomplissait, chaque année, à la Toussaint, ce pieux pèlerinage : Toutes les sociétés de la ville, bannières et drapeaux déployés ainsi que les pompiers, la municipalité en tête, se rendent en corps autour de ce monument pour y déposer des couronnes en l'honneur des braves, enterrés sous ce tertre au nombre de 600.

Le monument représente une pyramide quadrangulaire

en granit de 3 mètres de hauteur, montée sur un socle assez élevé et entourée de bornes reliées par des chaînes.

On lit sur la face Sud, l'inscription suivante :

R F
LA VILLE DE SAINT-DENIS
A SES DÉFENSEURS
VICTIMES DU SIÈGE 1870-1871.

Ensuite sur les tables saillantes à la base de la pyramide :

Garde Nationale mobile Bataillons. 1, 2, 3, 4, 11, 12, 13	Ligne Bataillons 135, 138	Garde Nationale mobile Bataillons 14, 15, 16, 17, 18

Sur la face Ouest :

Francs-Tireurs Algériens	Ligne Bataillons de marche 7, 14, 18, 38, 34	Francs-Tireurs de la Presse

Sur la face Nord :

Génie, 2e régiment Dragons	Ligne Bataillons de marche 114, 116, 134	Garde Nationale Gendarmes

Sur la face Est :

Artilleurs Marins	Ligne Bataillons de marche 61, 65, 70, 87, 97	Fusiliers Marins

Tarif des concessions.

DÉCENNALES			PERPÉTUELLES		
1 mètre........ fr.	35	40	1 mètre...... fr.	226	15
2 —	65	40	2 —	446	15
TRENTENAIRES			3 —	955	15
1 mètre...........	123	65	4 —	1.265	15
2 —	242	15			
3 —	431	25			
4 —	620	15			

Extrait du Règlement

(Dispositions fondamentales)

ARTICLE PREMIER. — Le cimetière de Saint-Denis est destiné à recevoir les corps des individus décédés dans la ville et de ceux de ses habitants qui sont décédés à l'extérieur; toutefois les corps des personnes étrangères à la ville de Saint-Denis et décédées hors de son enceinte, pourront également être inhumés dans ce cimetière, mais dans le cas seulement où ils seraient réunis dans une sépulture de famille déjà établie dans le cimetière.

ART. 2. — Toutes les inhumations sont faites dans des fosses ou sépulture particulières concédées soit gratuitement et sous la seule charge de la taxe municipale, si ce n'est pour les indigents à l'égard desquels la concession est entièrement gratuite, soit à prix d'argent et aux différents taux ci-après indiqués, selon la durée des concessions.

ART. 4. — Tout particulier peut faire placer sur la fosse de son parent ou ami une pierre sépulcrale ou autre signe indicatif de sépulture, sauf par lui à se conformer aux dispositions du règlement.

Des inhumations ordinaires

ART. 6. — Ces inhumations sont celles qui sont soumises à la simple taxe municipale ou qui sont même entièrement gratuites à l'égard des indigents décédés.

Sont considérés comme indigents les individus inscrits au Bureau de Bienfaisance ou dont l'indigence est certifiée par le Maire ou devant ce magistrat par deux habitants patentés.

ART. 7. — Les fosses destinées à ces sépultures sont creusées à la suite les unes des autres, sans aucune interruption. Elles ne peuvent être reprises qu'après la cinquième année à compter du jour de l'inhumation.

Des inhumations concédées à prix d'argent

ART. 8. — Des terrains pourront être concédés pour sépultures particulières; ces concessions sont divisées en trois classes, savoir :

1° Les concessions temporaires de dix ans;
2° Les concessions trentenaires;
3° Les concessions perpétuelles.

Il est affecté à chaque classe de ces concessions des emplacements spéciaux. Ces emplacements sont eux-mêmes divisés en deux parties, réservées l'une pour les inhumations des adultes, et l'autre pour celles des enfants décédés au-dessous de dix ans.

Ces derniers pourront, toutefois, être inhumés dans des sépultures d'adultes perpétuelles ou même trentenaires, et, dans ce cas, il pourra même être déposé deux corps d'enfants dans une seule case, si l'emplacement le permet.

Art. 9. — Il ne sera accordé de concession de terrain qu'aux personnes qui en paieront immédiatement le prix.

Art. 10. — Les concessions ne pouvant être obtenues dans un but commercial à raison de leur destination particulière, ne sont susceptibles d'être transmises que par voie de succession et partage ou de donation entre parents. Toute cession qui serait faite en tout ou en partie à des personnes étrangères à la famille, est déclarée nulle et de nul effet.

Concession de dix ans

Art. 15. — Les concessions de dix années ne pourront être renouvelées, mais elles pourront être converties sans déplacement en concessions trentenaires ou perpétuelles, même à la fin de leur durée, à condition par les concessionnaires de payer le prix intégral de ces nouvelles concessions au taux fixé par le présent Règlement et sans aucune déduction de la somme déjà payée pour la concession de dix ans, cette conversion sera obligatoire et devra être faite de suite dans le cas où les familles voudraient faire inhumer un nouveau ou plusieurs autres corps dans cette sépulture. Dans le premier cas, la nouvelle concession devra être trentenaire, et, dans le second, elle sera perpétuelle.

Concessions trentenaires

Art. 16. — Ces concessions donnent droit, au profit des familles qui les obtiennent, à la possession, pendant trente ans, du terrain qui en fait l'objet.

Art. 18. — Les terrains ainsi concédés ne pourront recevoir plus de deux corps. La seconde inhumation ne pourra être faite qu'autant qu'il restera dix années au moins, à courir sur la durée de la concession, à moins toutefois que cette concession ne soit renouvelée, auquel cas ce renouvellement devra avoir lieu au moment même de la seconde inhumation, mais la durée de ce renouvellement ne commencera à courir que du jour de l'expiration de la concession primitive.

Concessions perpétuelles

Art. 21. — Les concessions perpétuelles pourront recevoir autant de corps que l'emplacement le permettra, mais sous la condition que ces inhumations ne pourront avoir lieu que dans un caveau construit en pierre, d'après les dimensions et profondeurs prescrites par les Règlements, et qu'il ne pourra être déposé qu'un corps d'adulte dans chaque case.

ART. 22. — Chaque nouvelle inhumation ne donnera lieu à aucun paiement. Toutefois, à l'égard des inhumations qui seraient faites dans des concessions perpétuelles consenties antérieurement au présent Règlement, elles donneront lieu, comme par le passé, pour chaque nouvelle inhumation au paiement, au profit de la ville, d'une somme égale au dixième du prix de la concession primitive.

Dispositions relatives aux différentes espèces de concessions

ART. 24. — Toutes les concessions seront faites directement par le Maire d'après les soumissions souscrites par les demandeurs ou leurs fondés de pouvoir.

ART. 26. — La superficie des terrains affectés à chaque concession ne peut être moindre de 1 mètre pour la sépulture d'un enfant âgé de moins de dix ans et de 2 mètres pour toute autre sépulture.

Elle ne peut excéder 4 mètres pour les concessions trentenaires.

A l'égard des concessions perpétuelles, elles ne peuvent excéder 8 mètres.

ART. 33. — Les terrains concédés à titre perpétuel ou trentenaire qui ne seraient pas occupés immédiatement après leur livraison devront être marqués d'une borne en pierre comportant 20 centimètres de côté et indiquant sur sa face principale la superficie, la date et le numéro de la concession.

Ces signes devront être entretenus en bon état par les familles à défaut de quoi l'administration ne sera pas responsable des erreurs ou anticipations qui pourraient en résulter.

ART. 34. — Tous les concessionnaires, sans exception, peuvent faire élever des monuments, placer des signes funéraires et bâtir des caveaux sur les terrains dont ils ont été mis en possession, à la charge par eux de se conformer aux dispositions du Règlement.

La construction des caveaux au-dessus du sol est formellement interdite. Il ne pourra être fait d'inhumation dans les caveaux de cette espèce, actuellement existants, qu'autant que chaque corps serait renfermé dans un cercueil de plomb.

Du dépositoire ou caveau d'attente

ART. 35. — La faculté de déposer des corps dans le caveau provisoire ne pourra s'exercer qu'autant qu'on représentera au conservateur du cimetière un titre de concession applicable au décédé.

ART. 36. — La location du caveau provisoire est fixée à 1 franc par jour pour chaque corps déposé.

De la reprise des terrains affectés aux concessions

Art. 43. — Lorsque le Maire aura prescrit la reprise des concessions dont le terme sera expiré, cette opération sera annoncée aux intéressés trois mois à l'avance par la voie des affiches apposées dans la ville.

Art. 44. — Pendant ce délai de trois mois, les familles pourront, en vertu de l'autorisation du Maire, reprendre les signes funéraires et autres objets qu'elles auraient placés sur les sépultures.

Art. 45. — A défaut par les familles de réclamer les objets qui leur appartiennent dans le délai ci-dessus déterminé, l'administration fera opérer, à ses frais, l'arrachage des arbustes, la démolition ou le déplacement des monuments et signes funéraires et reprendra immédiatement possession des terrains concédés.

Art. 46. — Les pierres, entourages en fer et autres signes durables qui n'auraient pas été enlevés par les familles resteront à leur disposition pendant un an et un jour.

Durant ce délai, les familles pourront être autorisées à enlever les objets existants dans les magasins et leur appartenant, à la charge par elles de les prendre dans l'état où ils se trouveraient et de verser à la caisse municipale la somme nécessaire pour indemniser la ville des frais de démolition, déplacement, transport et conservation desdits objets, cette somme sera de 6 francs pour les sépultures de dix ans : elle sera fixée suivant le cas pour les autres sépultures. La recherche de ces objets sera faite en présence des agents de l'administration aux frais et par les soins des familles. Quant au bois provenant des reprises de terrains concédés, ils seront brisés avant leur sortie du cimetière et livrés immédiatement à l'administration de l'Assistance publique.

Des mesures d'ordre intérieur et de la surveillance générale

Art. 47. — Les portes du cimetière seront ouvertes au public, savoir :

Du 1er février au 15 mars, de 7 h. du matin à 5 h. du soir.
Du 16 mars au 30 avril, de 6 h. du matin à 6 h. du soir.
Du 1er mai au 31 août, de 5 h. du matin à 7 h. du soir.
Du 1er sept. au 15 octobre, de 6 h. du matin à 6 h. du soir.
Du 16 octobre au 30 nov., de 7 h. du matin à 5 h. du soir.
Du 1er déc. au 31 janv., de 7 h. 1/2 du matin à 4 h. 1/2 du soir.

Art. 48. — L'entrée du cimetière sera interdite aux gens ivres, aux fumeurs, aux marchands ambulants, aux enfants non accompagnés, aux pensionnats en promenade, aux individus qui seraient suivis par des chiens ou autres animaux domestiqués; enfin, à toute personne qui ne serait pas vêtue décemment.

Les pères, mères, tuteurs, maîtres et instituteurs encourront, à l'égard de leurs enfants, pupilles, ouvriers et élèves, la responsabilité prévue par l'article 1,384 du code civil.

Les individus admis dans le cimetière et qui ne s'y comporteraient pas avec tout le respect convenable ou qui enfreindraient quelqu'unes des dispositions du présent Règlement, seront expulsés sans préjudice des poursuites de droit.

Art. 49. — Il est expressément défendu : 1° d'escalader les murs de clôture du cimetière, les grilles ou treillages des sépultures, de monter sur les arbres et sur les monuments, de s'asseoir ou se coucher sur les gazons, de rien écrire sur les monuments et pierres tumulaires, de couper ou arracher les fleurs plantées sur les tombes, enfin, d'endommager d'une manière quelconque les sépultures ; 2° de déposer des ordures dans quelque partie que ce soit du cimetière ; 3° d'errer dans le chemin de séparation des sépultures et de s'y arrêter sans nécessité.

Toute infraction à ces dispositions sera constatée par le conservateur.

Art. 50. — L'administration ne pourra jamais être rendue responsable des vols qui seraient commis au préjudice des familles, celles-ci devront éviter de rien déposer sur les tombes qui puissent exciter la cupidité.

Art. 51. — Nul ne pourra faire dans l'intérieur du cimetière aux visiteurs ou aux personnes suivant les convois aucune offre de service ou remise de cartes ou adresses, ni stationner soit aux portes de cet établissement, soit aux abords des sépultures ou dans les chemins de circulation ou d'isolement.

Ceux qui contreviendraient à cette disposition seront immédiatement expulsés et leur contravention sera constatée dans la forme voulue.

Art. 52. — Les chemins de circulation intérieure seront constamment maintenus libres. Les voitures et chariots admis dans le cimetière se rangeront et s'arrêteront pour laisser passer les convois. Ils ne pourront stationner dans les chemins sans nécessité.

Art. 53. — Il est interdit d'attacher des cordages aux arbres plantés sur le bord des chemins, d'y appuyer des instruments ou des échafaudages, de déposer à leurs pieds des matériaux de construction et généralement de leur causer aucune détérioration.

Art. 65. — Aucun travail de construction, de terrassement ou plantation n'aura lieu dans le cimetière, les dimanches et fêtes, si ce n'est dans des cas d'urgence et sur l'autorisation du Maire.

Art. 66. — Les plantations seront faites, sans aucune exception, dans la zône affectée à chaque sépulture et, de telle sorte, qu'en aucun cas, elle ne puissent produire anticipation par suite de la croissance des arbres, arbustes ou autrement. Elles devront toujours être disposées de manière à ne point gêner la surveillance et le passage; celles qui seraient reconnues nuisibles, devront être élaguées ou abattues si besoin est, à la première réquisition de l'administration.

Art. 67. — Aucune inscription ou épitaphe ne sera inscrite sur une croix, pierre tumulaire ou monument, soit à l'extérieur, soit à l'intérieur desdits monuments, et ne sera admise dans le cimetière si elle n'a reçu préalablement le visa du Maire. Il en sera de même des inscriptions qui seraient renouvelées ou auxquelles il sera fait des changements ou additions.

Art. 68. — Il ne pourra être formé, soit dans l'intérieur du cimetière, soit dans les avenues intérieures ou extérieures en dépendant, aucun dépôt de croix, grilles, entourages et autres objets funéraires.

Pour demandes et renseignements, s'adresser au Conservateur du cimetière.

MORGUE

Avenue Saint-Rémy

Attenant au pavillon du Conservateur du Cimetière.

NOUVEL HOPITAL CIVIL

Rue du Fort-de-l'Est

Construit en 1880, le nouvel hôpital est élevé sur un vaste emplacement situé au sud-est de la ville, adossé au parc de la Légion-d'honneur. Du système Tollet, breveté, appliqué par M. Laynaud, architecte, il se compose d'une série de sept pavillons et de deux corps de bâtiments d'administration. Les pavillons contiennent normalement vingt lits qui pourraient être presque doublés en cas de nécessité. Deux pavillons sont affectés aux maladies contagieuses (hommes et femmes).

Le personnel, composé exclusivement de garçons et de femmes de salle, est absolument civil.

Un bâtiment, situé au centre de l'hôpital et divisé en trois parties, est affecté aux services des cultes reconnus : judaïsme, protestantisme et catholicisme.

L'hôpital est administré par une commission qui a sous ses ordres tout le personnel attaché au service de l'hôpital-hospice. Savoir :

Un receveur, un secrétaire économe directeur, un chirurgien, un médecin, deux médecins adjoints, un pharmacien de 1re classe. Deux internes en médecine, un aumônier, dix surveillants laïques, les infirmiers et les servants.

Extrait du Règlement.

De l'Administration.

Article premier. — Conformément à la loi du 5 août 1879, l'Administration générale de l'hospice est confiée à une Commission composée de sept membres, savoir :

Deux membres que le Conseil municipal choisit dans son sein et dont les pouvoirs expirent en même temps que ceux de cette assemblée ; quatre membres choisis par le préfet parmi les habitants de la commune, sur une liste de présentation dressée par le maire. Ces derniers sont nommés pour quatre ans et renouvelables par quart.

Art. 2. — Les fonctions de membres de la Commission sont essentiellement gratuites.

De l'Admission des malades.

Art. 11. — L'hôpital reçoit les malades, hommes, femmes et enfants domiciliés dans la commune de Saint-Denis, atteints de maladies aiguës ou blessés accidentellement.

Les malades et blessés militaires ou marins y sont aussi admis sur l'ordre des autorités compétentes. En cas d'urgence, les malades ou blessés des autres communes y sont également reçus. (L'administration se réserve de réclamer aux localités les droits de séjour.)

Art. 12. — Les malades qui veulent entrer à l'hôpital doivent d'abord se pourvoir d'un certificat constatant leur maladie.

Les médecins de la ville qui ne sont pas attachés à l'établissement peuvent aussi envoyer des malades à l'hôpital, mais seulement pour les cas urgents de maladie.

Art. 13. — Les malades indigents doivent, avant de se présenter au bureau d'admission, se procurer, auprès de l'autorité compétente, un certificat constatant qu'ils sont dans l'impossibilité de payer leurs frais de traitement et qu'ils sont de nationalité française.

Art. 14. — Les ouvriers blessés dans les usines sont admis d'urgence, sauf recours de l'Administration contre les patrons, qui doivent s'engager à payer leurs frais de séjour.

Art. 15. — L'admission des malades est prononcée par l'administrateur de service, qui a seul qualité pour signer leur bulletin d'entrée.

Art. 16. — Les chefs de service adresseront, tous les mois. à la Commission administrative, un rapport constatant l'état précis des malades ayant plus de trois mois de séjour dans l'hôpital, et les causes qui doivent y motiver leur maintien.

Art. 17. — Les malades reconnus incurables, ne seront pas conservés dans l'hôpital, qui est spécialement réservé au traitement des maladies aiguës.

Art. 18. — L'administrateur de service signera les billets de sortie des malades, dès que les chefs de service auront déclaré qu'ils peuvent quitter l'hôpital sans danger.

Service de santé.

Art. 43. — Les médecins et chirurgiens visitent les malades tous les matins, de façon que leurs visites soient terminées à dix heures au plus tard. Leurs visites se renouvellent dans le courant de la journée, lorsque les circonstances l'exigent, et toutes les fois qu'ils le jugent nécessaire, ou, lorsque, pour des cas urgents, ils sont appelés par l'un des administrateurs, par l'économe ou par l'interne de garde.

Art. 54. — Les autopsies ne doivent avoir lieu que vingt-quatre heures après les décès.

Service religieux.

Art. 59. — Le service religieux de l'hospice est confié à un aumônier nommé par l'autorité diocésaine sur la présentation de trois candidats par la Commission administrative.

Art. 60. — Il est chargé de satisfaire personnellement à tous les besoins du service religieux de l'établissement.

Art. 61. — Il est placé, pour le temporel, sous l'autorité de la Commission administrative.

Art 62. — Il célèbre l'office divin le matin. à six heures et demie. de Pâques à la Toussaint et à sept heures de la Toussaint à Pâques; il donne les secours spirituels aux malades qui en font la demande à l'administrateur de service, et ne peut pénétrer dans les salles sans y être appelé.

Art. 64. — En ce qui concerne le service, des ministres étrangers à la religion catholique, il est réglé conformément aux instructions en date du 9 novembre 1846 et 28 août 1852.

Service hospitalier.

Art. 65. — Le service hospitalier est confié à un personnel de surveillantes laïques.

Art. 67. — Il est interdit à toutes les personnes attachées au service hospitalier, de recevoir, à quelque titre que ce soit, des dépôts d'argent ou des valeurs. Ces dépôts doivent être remis directement à l'économe-directeur, qui en passe écriture.

Quant aux bijoux laissés par les décédés, ils sont rendus aux familles.

Les effets et vêtements sont recueillis par l'économe, qui, à la fin de chaque année, en opère la vente et en verse le montant entre les mains du receveur.

Travail.

Art. 69. — Le travail est obligatoire dans l'hospice, et tout individu en état de s'y livrer, qui refusera de se rendre à l'atelier, pourra être puni.

Les indigents des deux sexes, capables de travailler, sont tenus de rester quatre heures, au moins, par jour, dans l'atelier.

Ordre et discipline. — Police intérieure.

Art. 70. — Toutes personnes admises dans l'intérieur de l'hôpital, à quelque titre que ce soit, sont tenues de se conformer aux mesures d'ordre et de discipline que la Commission administrative croit devoir prescrire.

Art. 73. — Les habitants de l'établissement changent de linge tous les dimanches. Les draps de lits sont renouvelés tous les mois. Cette disposition ne s'applique pas aux malades qui changent de linge aussi souvent que leur état le réclame.

Art. 74. — A l'hôpital, les malades, lorsque leur état le permettra, se lèveront l'été à six heures, l'hiver à sept heures, et seront tenus de se coucher à la nuit close. Ils doivent, sous peine de renvoi, obéir aux ordres de la surveillante de chaque salle.

Art. 80. — Les parents ou amis des malades sont admis à les visiter deux fois par semaine, le jeudi et le dimanche, de deux heures à trois heures du soir. Il n'y aura d'exception à cette règle qu'en vertu d'une permission spéciale d'un des administrateurs, ou, à son défaut, de l'économe. Afin d'éviter l'encombrement des salles, chaque visite individuelle ne devra pas durer plus d'une demi-heure. Passé trois heures, il est expressément défendu aux visiteurs du dehors de rester dans les salles. Pendant la durée de la visite du public dans les salles, les malades doivent être couchés.

Art. 81. — Il est expressément défendu aux visiteurs d'introduire dans l'établissement aucune sorte d'aliment, de boisson ou de médicament, à moins d'une autorisation écrite des chefs de service. L'entrée sera rigoureusement refusé à toute personne qui cherchera à se soustraire à cette mesure. Les infirmiers et chefs de service qui, sans autorisation, auront introduit des objets de consommation, seront immédiatement renvoyés.

Art. 82. — Les malades qui, par des actes de violence, des cris ou des paroles injurieuses, troublent la tranquillité de l'établissement, ou manquent de respect aux personnes chargées de leur donner des soins et de les assister, ou qui commettent des infractions contre la discipline ou contre les règlements, seront immédiatement expulsés par l'administrateur de service, ou, en son absence, par l'économe. Il en sera de même pour tout le personnel.

Visites. — Le public est admis à visiter les malades deux fois par semaine : le jeudi et le dimanche, de 2 heures à 3 heures du soir. Adresser une demande à M. le maire de la ville pour avoir une autorisation spéciale en dehors des jours de visites réglementaires.

Pansements. — Une salle spéciale pour les pansements est ouverte au public, chaque jour de 8 heures à 9 heures du matin, à l'exception de cas accidentels, personne n'est admis après 9 heures.

Consultations gratuites. — Les consultations ont lieu, les lundi et vendredi de 9 heures à 10 heures en hiver, et de 8 heures à 9 heures en été.

Plaine Saint-Denis.

Les consultations ont lieu dans le bâtiment des anciennes écoles, avenue de Paris, 120, les mardi et samedi de 9 heures à 11 heures du matin.

ANCIEN HOPITAL (HOTEL-DIEU)

Rue de la Boulangerie

Vieil hospice que l'on croit être du commencement du XIIIe siècle, dont les bâtiments, restaurés à nouveau par la municipalité et inaugurés le 7 octobre 1888, sont affectés maintenant à l'hospice municipale des vieillards.

Extrait du Règlement.

De l'Admission.

Art. . — L'hospice reçoit les vieillards des deux sexes, indigents et valides, âgés d'au moins soixante-dix ans, nés à Saint-Denis ou y demeurant depuis au moins dix ans.

Les admissions à l'hospice sont gratuites.

Art. . — L'admission ou le renvoi d'un vieillard ne peut être prononcé que par une décision de la commission administrative.

Art. . — Les vieillards indigents seront renvoyés de l'hospice, lorsque l'état d'indigence qui avait motivé leur admission viendra à cesser.

Art. . — Un rapport trimestriel du médecin de l'hospice constatera l'état d'infirmité de tous les vieillards admis.

Travail.

Art. . — Le travail est obligatoire dans l'hospice, et tout individu en état de s'y livrer, qui refusera de se rendre à l'atelier, pourra être puni.

Art. . — Les vieillards des deux sexes, capables de travailler, sont tenus de rester quatre heures, au moins, par jour dans l'atelier.

Ordre et Discipline. — Police intérieure.

Art. . — A l'hospice, les vieillards seront soumis aux heures réglementaires de lever et de coucher. Ils devront se soumettre, sous peine de renvoi, aux ordres de service que la Commission administrative croira devoir imposer aux plus valides, tant pour le balayage des cours, des promenoirs, que pour tout autre service à rendre dans l'intérieur de l'établissement. Ils seront occupés, suivant leurs forces et leurs aptitudes.

Art. . — Les vieillards ont deux jours de sortie par semaine, les dimanches et jeudis, de 9 heures du matin à 4 heures du soir.

ART. . — Tout vieillard rentrant en état d'ivresse sera puni de huit à quinze jours de consigne.

Les punitions seront prononcées par l'administrateur de service.

ART. . — En cas d'insubordination, d'injures graves, ou de récidive dans les fautes commises, l'expulsion pourra être prononcée par la Commission administrative, sur la proposition de l'administrateur de service.

ART. . — Les vieillards qui resteront absents de l'hospice, sans permission, pendant plus de quarante-huit heures, ne pourront y rentrer sans une autorisation spéciale de l'administration hospitalière.

ART. . — Les parents ou amis des vieillards sont admis à les *visiter deux fois par semaine, le jeudi, le dimanche et fêtes; de deux heures à trois heures du soir*. Il n'y aura d'exception à cette règle qu'en vertu d'une permission spéciale de l'administrateur de service.

ART. . — Les vieillards qui, par des actes de violence, des cris ou des paroles injurieuses, troubleraient la tranquillité de l'établissement, ou manqueraient de respect aux personnes chargées de leur donner des soins et de les assister, ou qui commettraient des infractions contre la discipline ou contre les règlements de la maison, seront immédiatement expulsés par les soins de l'administrateur de service.

ART. . — L'inconduite notoire, et notamment l'habitude de l'ivresse, soit dans l'intérieur de l'établissement, soit au dehors, sera une cause de renvoi, tant pour les vieillards que pour les gens de service.

Le règlement ci-dessus s'applique pareillement aux vieillards (femmes) encore logées au Nouvel Hôpital, en attendant leur transfèrement à l'hospice municipal des vieillards de la rue de la Boulangerie.

BUREAU DE BIENFAISANCE

Entrée, Place de la Légion-d'Honneur

Le Bureau de Bienfaisance est administré par une commission, composée de six membres sous la présidence du Maire et par quatre médecins.

Consultations. — Les indigents malades, inscrits au Bu-

reau de Bienfaisance, sont admis à se présenter chez les médecins de leur quartier pour les consulter, tous les jours, aux heures fixées à cet effet. Ils doivent être porteurs de leur carte d'inscription. Il est délivré par les Administrateurs des billets de consultation, aux malades nécessiteux, non inscrits au Bureau de Bienfaisance. Tous les renseignements nécessaires à cet effet sont donnés au Secrétariat.
Le Secrétariat du Bureau de Bienfaisance est ouvert chaque jour de la semaine le jeudi excepté de 9 heures du matin à midi et de 2 heures à 5 heures du soir. Un Administrateur est présent de 9 heures du matin à 11 heures.

Médecins chargés du service des indigents

M. Feltz, rue des Ursulines, 30, visible de 1 h. à 2 h.

M. Iszenard, rue de la Boulangerie, 29, visible de 2 à 3 h.

M. Bouchet, route de la Révolte, 6 (*porte Paris*), visible de 1 à 2 h.

M. Badaire, avenue de Paris, 126, (Plaine).

Ces médecins se rendent à domicile lorsque les indigents ne peuvent venir pour cause de maladie aux consultations.

Pharmacie et Secours. — Dans le but d'épargner de longues courses aux malades, l'administration a décidé que tous les Pharmaciens de la Ville de Saint-Denis ainsi que la Pharmacie de l'Hôpital, fourniraient les médicaments aux personnes munies d'ordonnances autorisées par MM. les Administrateurs.

MM. les Administrateurs reçoivent les demandes de secours des personnes indigentes, chacun pour leur quartier respectif, tous les jours alternativement le jeudi excepté de 9 heures à 11 heures du matin.

Néanmoins, des feuilles pour les visites de médecin, pourront être délivrées tous les jours, aux personnes nécessiteuses.

Nota : La distribution mensuelle des secours a lieu à partir du premier lundi du mois, en suivant l'ordre ci-dessus indiqué pour chaque administrateur.

Donation Fontaine. — Un ancien membre du Bureau de Bienfaisance a laissé à cette administration une maison, sise à Saint-Denis, rue Fontaine, pour y être affectée au logement gratuit de douze veuves sexagénaires désignées par l'administration municipale.

Fondation des filles à marier. — En l'an 1648, un religieux, don Belloy de Francières, bénédictin de Saint-Denis, institua les mariages de bienfaisance, dits des 50 écus.

Trois jeunes filles de la ville réunissant les conditions exigées de vertu, de sagesse et de pauvreté, natives de Saint-Denis où y demeurer depuis cinq ans au moins, participent à cette institution, et sont dotées et mariées le 2 février de chaque année. Dans l'origine, elles ne recevaient que 150 francs chacune. Depuis, par suite de l'élévation des fermages des terres affectées à cette fondation, le montant de cette petite dot s'est trouvé porté à 700 francs, plus l'anneau de fiançailles, une médaille frappée aux armes de don Belloy de Francières, le trousseau et le contrat de mariage. En conséquence, tous les ans, le Maire de la ville, par voie d'affiche invite les jeunes filles qui auraient des chances réelles d'être dotées et mariées le 2 février, à se faire inscrire au secrétariat du Bureau de Bienfaisance où est déposé un registre à cet effet depuis le 1er juin jusqu'au 31 octobre de 9 heures du matin à 5 heures du soir.

La Commission du Bureau de Bienfaisance désigne ensuite les trois jeunes filles qui doivent bénéficier de la dot et qui sont mariées le 2 février.

Fourneau économique. — Entrée : Rue des Boucheries. Ouvert du 15 octobre au 15 mars tous les jours de 8 heures du matin à midi.

Moyennant 10 centimes il est donné des portions de viande, bouillon, pain et légumes.

On peut se procurer des bons au Secrétariat de la Mairie.

Nota. Les personnes en possession d'ancien bons sont priées de vouloir bien les rapporter au Secrétariat de la Mairie où de nouveaux bons leur seront remis.

BIENFAITEURS ET BIENFAITRICES

DE L'HOSPICE ET DU BUREAU DE BIENFAISANCE DE St-DENIS

1648. Don Belloy de Francières, religieux bénédictin voulant doter, le 2 février de chaque année, 3 jeunes filles pauvres et vertueuses, abandonna au bureau de charité une rente annuelle de 150 livres.

1688. M. Cornet, conseiller, médecin ordinaire du roi, fit don à l'Hôtel-Dieu, des corps de logis sis rue de la Cordonnerie.

1702. Mlle Michelle Michelon, sœur, a employé sa fortune qui était considérable, à la reconstruction de l'Hôtel-Dieu;

1706. Mlle Marguerite Pinson, fit don à l'Hôtel-Dieu d'une rente de 150 livres pour être employée à la création d'une école de filles.

1714. La même fit abandon d'une rente de 300 livres pour la fondation d'un lit et pour l'entretien de l'Ecole des filles. Elle remit 11,033 livres 13 sols 9 deniers reçus d'une personne inconnue.

1720. Elle a encore fait don de 10,000 livres de ses deniers.

1722. Louis Cheval, a donné à l'Hôtel-Dieu 308 livres 8 sols 3 deniers.

1724. Marie Poignant, sœur, a légué 10,080 livres pour fonder un lit.

1774. M. Pierre Bonnevic, curé, a donné à l'Hôtel-Dieu 2,500 livres.

1778. Il a encore donné 4,000 livres

1802. M. Roger Lorget et ses frères et sœurs, firent don à l'Hospice civil de 32 ares 80 centiares de terre.

1811. M. Roger Lorget, seul abandonna encore une pièce de terre de 8 ares 54 centiares.

1806. Mlle Kolincamps, sœur, a légué 500 livres pour servir au rétablissement de l'école des filles, que la Révolution avait fait supprimer.

1808. M. Gilles a fait don à l'Hospice d'une pièce de terre de 19 ares 13 centiares.

1817. Mlle Marie Garmache, a légué à l'Hospice, sa succession avec laquelle il a été acheté 720 francs de rentes de 5 p. 100.

1818. M. de Verneuil, curé de Saint-Denis, ancien prieur de l'Abbaye, a légué à l'Hospice une rente de 300 francs, à 3 p. 100.

1820. M. Delanois, chanoine, a fait un legs à l'Hospice de 1,500 francs.

1847. M. Dorothée Fontaine, légua au Bureau de Bienfaisance pour être employée en bonnes œuvres toute sa fortune qui s'élevait à plus de 300,000 francs.

1855. M. Nicolas-Jean Haguette, a légué une rente de 900 francs pour être employée en bonnes œuvres, au Bureau de Bienfaisance.

1856. Mme Ve Lefbère, a légué une somme de 1,100 francs au Bureau de Bienfaisance.

1856. M. Claude Jannot, a légué toute sa fortune montant à 60,000 francs environ, à l'Hospice civil.

1862. M. Etienne Lorget, a légué au Bureau de Bienfaisance 3,000 francs convertis en 150 francs de rentes 3 p. 100 pour secours à domicile.

1876. Mme Giot, a fondé 2 lits de vieillards, 24,000 francs.

MAISON DES VIEILLARDS

TENUE PAR LES PETITES SŒURS DES PAUVRES

Rue Jannot, 23

Établissement charitable institué en faveur des vieillards indigents.

Le régime de la maison est la vie de famille.

Les parents sont admis à visiter les vieillards.

Hommes, le dimanche ; *Femmes*, le jeudi, de chaque semaine de 2 h. à 4 h. du soir.

Les jours de sortie des vieillards sont :

Hommes, le lundi ; *Femmes*, le mardi de chaque semaine de 8 h. à 4 h. du soir.

Nota. — Les personnes qui désirent visiter l'établissement le peuvent tous les jours de 8 h. à 4 h. du soir.

ÉCOLES COMMUNALES ET GROUPES SCOLAIRES

SAINT-DENIS

Garçons :	*Filles :*
Rue du Corbillon, 8;	Rue Fontaine, 11 *bis*;
Rue Francklin, 3;	Rue de la Légion-d'Honneur, 27;
Cours Ragot;	Cours Ragot;
Boulevard Châteaudun;	Boulevard Châteaudun;
Cours Chavigny.	Cours Chavigny.

PLAINE SAINT-DENIS

Avenue de Paris, 120.

Entrée et sorties des classes:

Le Matin : Ouverture des portes : 8 heures ; Entrée des classes : 8 h. 1/2 ; Sortie 11 h. 1/2.

Le Soir : Ouverture des portes : midi 1/2 ; Entrée des classes : 1 h. ; Sortie 4 h.

Les écoles et les fournitures scolaires sont entièrement gratuites.

Extrait du réglement des Ecoles publiques délibéré par le Conseil départemental de l'Instruction publique dans la séance du 8 mai 1886 et approuvé par décision de M. le Ministre de l'Instruction publique en date du 28 juillet 1886.

Article 1. — Pour être admis dans une école, les enfants doivent avoir plus de six ans et moins de quatorze. En dehors de ces limites, ils ne peuvent y être admis sans une autorisation spéciale de l'Inspecteur d'académie.

Dans les communes qui n'ont pas d'école maternelle, l'âge d'admission est abaissé à cinq ans.

ART. 2. — Tout enfant qui demandera son admission dans une école devra présenter un bulletin de naissance. L'instituteur de concert avec les autorités préposées à la surveillance sanitaire des écoles, s'assurera que l'enfant a été vacciné ou qu'il n'est pas atteint de maladies ou d'infirmités de nature à nuire à la santé des autres élèves.

ART. 5. — Les enfants ne pourront être détournés de leurs études pendant la durée des classes. Ils ne pourront se rendre à l'église pour les catéchismes ou pour les exercices religieux qu'en dehors des heures des classes. L'instituteur n'est pas tenu de les y surveiller. Il n'est pas tenu de les y conduire. Toutefois pendant la semaine qui précède la première communion, l'instituteur invitera les élèves à quitter l'école aux heures où leurs devoirs religieux les appellent à l'église. Cette autorisation ne sera donnée que sur la demande expresse des parents.

ART. 7. — Les classes dureront trois heures le matin et trois heures le soir. Celle du matin commencera à huit heures et celle de l'après-midi à une heure, elles seront coupées par une récréation d'un quart d'heure.

ART. 8. — Les enfants se présenteront à l'école dans un état de propreté convenable La vis te de propreté sera faite par l'instituteur avant l'entrée en classe.

ART. 13. — Aucun livre, ni brochure, ni aucun imprimé, ni manuscrit étranger à l'enseignement ne peuvent être introduits dans l'école sans l'autorisation écrite de l'Inspecteur d'académie.

ART. 15. — Les seules punitions dont l'instituteur puisse faire usage sont : Les mauvais points ou le retrait des bons points. La réprimande. La privation partielle de l'une des récréations. La retenue après la classe du soir ; sous la surveillance du directeur ou de l'un de ses adjoints ; la durée de la retenue ne devra pas dépasser une demi-heure. L'exclusion temporaire, cette peine ne pourra dépasser deux jours ; avis en sera donné immédiatement par l'instituteur aux parents de l'enfant, aux autorités locales et à l'inspecteur primaire. Une exclusion de plus longue durée ne pourra être prononcée que par l'Inspecteur d'académie.

ART. 16. — Il est absolument interdit d'infliger aucun châtiment corporel.

ART. 17. — Les classes vaqueront le jeudi et le dimanche de chaque semaine et les jours de fêtes réservées.

ART. 18. — Les jours de congé extraordinaires, sont : Du jeudi avant Pâques au jeudi après Pâques, le 31 décembre, le 1er et le 2 janvier. Le lendemain de la Toussaint. Le mardi qui précède le carême. Les jours de fêtes patronales et les jours de fêtes nationales.

ART. 19. — L'époque de la durée des vacances sont fixées chaque année par le préfet en conseil départemental. Toutefois le Préfet pourra modifier les dates ainsi fixées au cas ou les convenances locales ou des circonstances exceptionnelles ne permettraient pas de les observer dans toutes les écoles du département.

ART. 22. — Le règlement en date du 23 mars 1881 est abrogé.

Une *Cantine* ouverte du 1er novembre au 31 mars est installée dans chaque groupe scolaire ou les élèves moyennant une rétribution de 10 cent., peuvent avoir a leur repas une portion de viande de bouillon ou de légumes.

L'École dite de demi-temps, destinée aux enfants travaillant dans les usines et manufactures, qui ne possèdent pas le dégré d'instruction voulu par la loi se fait :

Pour les garçons, boulevard Châteaudun de 5 h, a 7 h. du soir, le jeudi excepté.

Pour les filles, rue Fontaine 11 bis, de 5 h, a 7 h. du soir le jeudi excepté.

GYMNASE COMMUNAL

Rue Jannot, 23

Salle réservée aux Sociétés de la ville qui adressent une demande à la municipalité, pour leur réunion temporaire.

ASILES COMMUNAUX

OU ÉCOLES MATERNELLES

Saint-Denis : Rue Suger, 6;
Rue de Strasboug, 1;
Route de Gonesse, 13.

Plaine Saint-Denis : Avenue de Paris, 120.

Extrait du Règlement des Écoles maternelles publiques du département de la Seine, adopté par le Conseil départemental, dans sa séance du 18 février 1882.

TITRE PREMIER

De l'admission des enfants dans les écoles maternelles publiques et des soins à leur donner.

ART. 1. — Pour être admis dans une école maternelle publique, les enfants doivent avoir plus de deux ans et moins de sept ans, et produire un bulletin d'admission délivré par le maire.

ART. 2. — Tout enfant dont l'admission dans une école maternelle est demandée, doit présenter un certificat de médecin constatant qu'il a été vacciné ou qu'il a eu la variole et qu'il n'est pas atteint de maladies ou d'infirmités de nature à nuire à la santé des autres enfants.

ART. 3. — La garde de l'école maternelle est commise à la directrice. Elle ne permettra pas qu'on la fasse servir à aucun usage étranger à sa destination sans une autorisation spéciale du Préfet.

ART. 4. — Les écoles maternelles publiques sont ouvertes du 1er mars au 1er novembre, depuis 7 h. du matin jusqu'à 7 heures du soir; depuis le 1er novembre au 1er mars depuis 8 heures du matin à 6 heures du soir.

ART. 5. — Les écoles maternelles publiques sont fermées les dimanches et les jours de fêtes désignés ci-après :

Le 31 décembre, le 1er et le 2 janvier ;
Le mardi qui précède le carême;
Le jeudi de la mi-carême ;
Du jeudi avant Pâques au jeudi après Pâques inclusivement ;
Le jour de l'Ascension ;
Le lundi de la Pentecôte
Le jour de l'Assomption ;
Du 15 au 25 août inclusivement, dans les communes des arrondissements de Sceaux et de St-Denis et à Paris pendant dix jours du 1er mai au 1er septembre suivant un roulement dressé par l'administration préfectorale ;
Le jour et le lendemain de la Toussaint ;
Le jour de Noël ;
Les jours de fêtes nationales et de fêtes patronales.

ART. 6. — Les parents qui négligent de venir chercher leurs enfants aux heures indiquées par les règlements sont avertis. En cas de récidive, l'enfant est rendu à sa famille.

L'exclusion, toutefois, ne peut être prononcée que par le Directeur de l'enseignement primaire.

ART. 7.— A l'arrivée des enfants à l'école maternelle, la Directrice ou la sous-directrice de service doit s'assurer par elle-même de leur état de santé ou de propreté, de la qualité et de la quantité des aliments qu'ils apportent.

L'enfant amené à l'école maternellé dans un état de maladie n'est pas reçu.

Si un enfant devient malade dans le courant de la journée il est reconduit chez ses parents.

Les enfants fatigués ou indisposés sont placés sur un lit de camp.

ART. 8. — Les enfants chez lesquels le médecin inspecteur pendant sa visite à l'école maternelle, aura reconnu les symptômes d'une affection contagieuse seront immédiatement reconduits chez leurs parents avec une lettre d'avis indiquant le motif de ce renvoi.

Cette lettre fera connaître aux parents que l'enfant ne pourra être admis de nouveau dans l'établissement qu'après avoir obtenu un certificat médical constatant que sa rentrée peut s'effectuer sans inconvénient.

Le même certificat pourra être exigé des enfants qui, sans que leur éloignement ait été provoqué par le médecin inspecteur, se seraient absentés de l'école maternelle pour cause de maladie, s'il résulte des renseignements recueillis par la Directrice que cette maladie peut avoir un caractère contagieux.

ART. 9. — A l'entrée et à la sortie de chaque classe, les enfants sont conduits en ordre aux cabinets d'aisance ; ils y sont toujours surveillés par la directrice et la sous directrice.

Dans l'après-midi, avant la rentrée en classe, les enfants sont, en outre, conduits en ordre au lavabo.

TITRE II

De la discipline, de l'enseignement et des exercices

ART. 12. — Il est donné aux enfants des bons points à titre de récompense à la fin de chaque mois, les bons points sont échangés contre des images, des jouets et de objets utiles dont le choix aura été approuvé par le directeur de l'Enseignement primaire.

ART. 13. — Les seules punitions permises sont :

Interdiction, pour un temps très court, du travail et des jeux en commun ; retrait de bons points.

ART. 14. — Un règlement spécial déterminera l'ordre dans lequel on procédera à l'enseignement des matières spécifiées parr le décret du 2 août 1881.

ART. 15. — Les leçons et les exercices auront lieu de 9 h. 1/2 du matin à 11 h. 1/2 et de 1 h. 1/2 à 4 heures.

Ils seront coupés, le matin, par un quart d'heure de récréation de 10 h. et demie à 10 heeres trois quarts ; dans l'après midi par une demi-heure de deux heures et demie à trois heures.

Lorsque le temps ne permettra pas un séjour prolongé dans la cour, les enfants devront autant que possible en faire le tour en rang pendant dix minutes environ, en sortant de la classe, avant d'y rentrer.

ART. 16. — Il ne pourra être introduit dans les écoles maternelles aucun livre, aucune brochure, ni aucun manuscrit étranger à l'enseignement.

ART. 19. — Toute pétition, quête, souscription ou loterie est interdite dans l'école maternelle.

Cantine installée en tout semblable à celle des groupes scolaires.

CRÈCHE MUNICIPALE

FONDÉE EN 1887

Rue Compoise, 59

Ancien Hôtel de la Sous-Préfecture

Établissement qui a pour objet de garder et de soigner pendant le jour les petits enfants dont les mères sont occupées aux travaux des champs, des ateliers et des manufactures; et de recueillir les enfants encore à la mamelle, auxquels leurs propres mères viennent donner le sein à certaines heures de la journée.

La première crèche a été ouverte à Paris en 1844.

Règlement.

ARTICLE PREMIER. — La crèche est ouverte de six heures du matin à huit heures du soir. Elle est fermée les dimanches et jours de fêtes.

ART. 2. — Aucun enfant n'y passe la nuit.

ART. 3. — Les conditions suivantes sont exigées pour l'admission des enfants :

1° La mère travaille au dehors de son domicile, elle produit à l'appui un certificat de la personne qui l'emploie;

2° L'enfant doit être âgé de un mois au moins, de trois ans au plus;

3° Il doit jouir d'une bonne santé constatée par un bulletin médical. En cas de maladie, les parents prévenus, retirent leurs enfants.

4° L'enfant doit être vacciné, s'il ne l'est pas, les parents doivent consentir à ce qu'on le vaccine dans le plus bref délai ;

5° La mère indiquera l'endroit où elle travaille, afin qu'il soit facile de la trouver à toute heure;

6° Les parents doivent justifier d'un séjour à Saint-Denis de deux ans.

Art. 4. — Les demandes d'admission sont envoyées à la Commission administrative.

Art. 5. — Celle-ci est composée du Maire, président, et de six membres pris dans le conseil municipal.

Art. 6. — Les parents qui veulent faire admettre leur enfant doivent produire : l'acte ou le bulletin de naissance de l'enfant et indiquer leur profession et leur domicile.

Art. 7. — Chaque enfant inscrit sera reçu à la crèche sur un bulletin d'admission signé du Maire et visé par le medecin de la crèche.

Art. 8. — La mère apportera son enfant à la crèche en état de propreté

Elle payera 0,25 centimes par jour de présence.

Elle reprendra son enfant avant la fermeture et se conformera aux règles de l'établissement.

Les mères qui nourrissent devront venir au moins deux fois par jour pour allaiter leur nourrisson.

Art. 9. — Tout enfant admis est inscrit le jour de son entrée sur un registre matricule.

L'inscription énonce la date de la naissance, la profession et la demeure des parents.

Un deuxième registre relate chaque jour de présence. Les cas d'absence excédant trois jours doivent être justifiés ; si les parents négligeaient cette formalité, l'administration pourrait disposer du berceau de l'enfant en faveur d'un autre.

Art. 10. — Une directrice est nommée par la Commission administrative ; elle est chargée du service intérieur sous la surveillance de l'administrateur délégué, elle reçoit les enfants et refuse ceux qui lui paraissent malades, elle répond du mobilier et distribue le service aux berceuses.

Art. 11. — Un médecin nommé par la Commission visite la crèche chaque jour et présente les mesures hygiéniques nécessaires, lesquelles seront inscrites sur un registre particulier. Ses fonctions sont gratuites.

Art. 12. — La crèche ne pourra recevoir plus de quarante enfants à la fois.

Art. 13. — Le public peut visiter la crèche chaque jour et à toute heure, avec l'autorisation écrite d'un administrateur.

Un registre spécial sera laissé à la disposition des visiteurs qui pourront y inscrire leurs observations.

Les réclamations seront adressées à la Commission administrative.

Art. 14. — Un comité de dames patronnesses apporte son concours au Comité d'administration.

Ce comité est composé :

D'une dame présidente.
— vice-présidente.
— trésorière.
— secrétaire.
et du plus grand nombre possible de dames patronnesses.

Ces dames patronnesses sont nommées sur la présentation du Maire, président.

Ce comité possède les attributions que lui délègue la Commission administrative.

Il est chargé d'une façon spéciale de la direction intérieure; il prend des renseignements sur les mères qui demandent l'inscription des enfants; il veille à la bonne marche de l'œuvre.

Art. 15. — Le Conseil municipal accepte avec reconnaissance les dons qui lui sont envoyés. Pour perpétuer le souvenir de ceux qui se seront associés à l'œuvre de la crèche, une plaque posée au-dessus d'un berceau indiquera le nom du donateur de ce berceau. On peut devenir membre donateur en versant la somme de 50 francs.

DONATEURS ET DONATRICES

DE LA CRÈCHE MUNICIPALE

		Lits.
MM.	Ternois.	2
	Petit (Charles).	1
	Les dames patronnesses des asiles	1
	Commandant Terquem	1
	Gibault	1
	Leroy (Henri).	1
	Le Comité du bal de l'Hôtel-de-Ville (1887). .	1

	Lits.
MM. Société l'Union musicale.	4
Société les Enfants de Saint-Denis	1
Le docteur Dupuis.	1
Mme Dupuis.	1

ORPHELINAT MUNICIPAL DE JEUNES FILLES

FONDÉ EN 1887

Rue Compoise, 59

Ancien Hôtel de la Sous-Préfecture

STATUTS ET RÈGLEMENTS

But de l'Établissement

ARTICLE PREMIER. — Un orphelinat municipal est fondé à Saint-Denis dans un immeuble appartenant à la Ville, ancien Hôtel de la Sous-Préfecture, rue Compoise, 59, dans le but de recueillir des jeunes filles orphelines de la localité. L'établissement sera alimenté au moyen des fonds votés chaque année par le Conseil municipal, et le cas échéant, par les ressources provenant des dons faits par des personnes charitables.

Organisation et Administration

ART. 2. — L'Orphelinat municipal est administré par une Commission dont le Maire de la Ville, ou à son défaut, par un adjoint, est président de droit. Cette Commission est composée de six membres désignés par le Conseil municipal et choisis dans son sein.

ART. 3. — Après chaque renouvellement, la Commission nomme un président et un secrétaire.

ART. 4. — En cas de décès ou de démission, le Conseil municipal pourvoiera à son remplacement.

ART. 5. — Les fonctions d'administrateur sont essentiellement gratuites; mais en raison des nombreux détails journaliers et en vue d'apporter plus d'unité dans l'administration et plus particulièrement dans la comptabilité, les membres de la Commission pourront, s'ils en reconnaissent l'utilité, s'adjoindre un employé auquel il pourra être alloué un traitement dont le chiffre sera aussi modéré que possible.

Art. 6. — Les délibérations de la Commission ne seront valables qu'autant que la moitié des membres au moins y auront pris part.

Art. 7. — Toutes les décisions sont prises à la majorité absolue des voix; en cas de partage, celle du président est prépondérante.

Art. 8. — La Commission se réunit au moins une fois par mois pour délibérer sur les affaires concernant l'Orphelinat.

Art. 9. — Le président convoque aux séances; il dirige les délibérations et assure l'exécution des décisions de la Commission administrative.

Art. 10. — En cas d'absence du président, le vice-président le remplace dans toutes ses fonctions à l'Orphelinat municipal.

Art. 11. — Les administrateurs prendront le service à tour de rôle pendant un mois.

Art. 12. — La directrice a le devoir de s'occuper tout particulièrement du soin à donner aux enfants de l'Orphelinat, de diriger et surveiller leur travail, de leur faire préparer et distribuer les aliments; elle doit également surveiller l'entretien du linge et habillement; elle ne devra faire aucun achat sans y être autorisée par l'administration; les diverses écritures s'y rattachant seront tenues par elle sous le contrôle de la Commission administrative; en un mot, elle ne devra rien faire de son chef, et sera tenue de rendre compte, soit au président, ou à l'administrateur de service, de tout ce qui pourrait lui paraître intéressant pour le bon fonctionnement du service de l'Orphelinat; elle recevra un traitement qui sera fixé par la Commission.

Elle doit habiter dans l'établissement et demeure responsable des enfants qui lui sont confiées; une personne de service pourra lui être adjointe pour l'aider et faire le travail du ménage. Cette personne recevra un traitement annuel fixé par la Commission.

Art. 13. — Chaque année au mois de Mai, la Commission dresse le budget des recettes et des dépenses pour l'année suivante, ainsi que le compte de gestion des opérations de l'année écoulée.

Art. 14. — Le secrétaire rédige les procès-verbaux des délibérations qui sont transcrites sur un registre spécial.

Conditions d'admission

Art. 15. — Les enfants sont entretenues dans l'établissement, soit gratuitement; soit moyennant une pension annuelle, fixée par la Commission administrative, payable par mois et d'avance, entre les mains du Receveur municipal de la Ville.

Art. 16. — La formation du dossier de chaque enfant comprend :

1° Produire une demande écrite, ou un procès-verbal de l'autorité locale ;

2° L'extrait de l'acte de naissance ;

3° Un certificat d'enquête de l'un des administrateurs ;

4° Un engagement de paiement, le cas échéant, appuyé d'une caution admise par la Commission.

5° Un certificat médical et de vaccin.

Art. 17. — En cas de non paiement de deux mois, la Commission pourra rendre l'enfant à sa famille, ou, à défaut de famille, à son tuteur.

Art. 18. — Le nombre des admissibles payants ne pourra, dans aucun cas, être supérieur au quart des admis.

En principe, les admissions sont gratuites.

Art. 19. — Les jeunes filles pourront être admises dès l'âge de quatre ans et devront rester jusqu'à l'âge de dix-huit ans, à moins qu'en raison des circonstances exceptionnelles, les administrateurs en décident autrement.

Art. 20. — Les enfants devront être nées à Saint-Denis et appartenir à une famille de nationalité française qui devra avoir au moins huit années de résidence dans la ville.

Art. 21. — Les orphelines de père et de mère sont admises de préférence, et, subsidiairement, les orphelines soit de père, soit de mère.

Art. 22. — Les père, mère, tuteur, ou chargés des enfants, devront préalablement à leur admission, prendre l'engagement par écrit, de les laisser dans l'établissement jusqu'à leur dix-huitième année.

Art. 23. — Si la situation de la famille était redevenue meilleure, et sur sa demande, l'enfant lui sera rendue, à la condition qu'il sera versé une indemnité que fixera la Commission.

Art. 24. — L'Administration patronne ses pupilles, même après leur sortie de l'établissement.

Art. 25. — La Commission administrative statue sur l'admission et le renvoi des enfants, après une enquête faite par deux de ses membres.

Enseignement

Art. 26. — Les enfants recevront toutes les notions de l'enseignement primaire, telles qu'elles sont définies par les lois et règlements en vigueur, dans les écoles communales laïques de la ville, et seront exercées et formées aux différents travaux de leur sexe et aux soins du ménage.

Art. 27. — Elles devront fréquenter les classes jusqu'à leur obtention de leur certificat d'études primaires et ne devront pas dépasser la limite d'âge qui est fixée à treize ans.

Dès qu'elles quitteront les écoles, elles seront spécialement employées aux travaux de l'ouvroir où des leçons particulières de coupe et de couture leur seront enseignées. Le travail de l'ouvroir comprendra les travaux de confection d'habillement et de lingerie de toutes sortes, moyennant une rétribution basée sur une catégorie de prix établis par la Commission administrative.

Le produit obtenu et consigné sur un registre à souche tenu par la directrice sous le contrôle de l'un des administrateurs, ser versé, chaque trimestre, à la caisse du receveur municipal. qui en donnera récépissé.

Art. 28. — L'ordre de la distribution des leçons et travaux, ainsi que les différents exercices, seront fixés par un règlement intérieur dressé par les membres le la Commission.

Art. 29. — Le produit des travaux exécutés par les jeunes filles appartiendra à l'établissement.

Cependant, en vue d'assurer un petit fond de réserve pour leur sortie, il sera prélevé. à leur profit. une somme de 1/4 du produit général du travail, à titre d'encouragement ou de récompense.

Art. 30. — Cette répartition sera réglée par la Commission administrative, sur la proposition de la directrice; la somme en sera placée à la Caisse d'épargne au nom de chaque enfant.

Art. 31. — Le montant des livrets attribués à chaque enfant, ne lui appartiendra qu'autant qu'elle restera dans l'établissement jusqu'à dix-huit ans, ou bien jusqu'à ce qu'elle soit placée par les soins de l'administration avant cet âge.

Art. 32. — Il sera fait mention de cette condition sur chaque livret individuel, et si elle n'était pas exécutée, comme aussi en cas de décès de l'enfant. avant sa sortie de l'ouvroir, le montant de ce livret appartiendra à l'établissement.

Art. 33. — Un registre spécial sera tenu pour les livrets de Caisse d'épargne, ainsi que pour les dépôts d'argent leur appartenant.

Art. 34. — Si les enfants, soit par leur fait, soit par celui de leurs tuteur, père, mère, manquaient à l'engagement signé, dont il est parlé ci-dessus, elles seraient privées des avantages assurés à leur sortie, et perdraient, notamment le montant du livret qu'elles pourraient avoir à la Caisse d'épargne. Il en sera de même pour le renvoi de l'enfant.

Art. 35. — Dans tous les cas, le livret de Caisse d'épargne, qui sera conservé par l'administration, ne sera remis qu'à la sortie régulière de l'établissement.

Service médical

ART. 36. — Un médecin, désigné par la Commission, devra visiter les enfants une fois par mois, pour s'assurer de leur état sanitaire.

ART. 37. — Toute modification apportée au présent règlement, démontrée par l'expérience du fonctionnement des divers services. devra faire l'objet d'une délibération spéciale qui serait soumise au Conseil municipal et au Préfet.

Dons et Legs

ART. 38. — Sur la proposition de la Commission administrative, le Conseil municipal statuera sur l'acceptation des dons qui pourraient être faits par des personnes charitables en faveur de l'Orphelinat.

ART. 39 et dernier. — Le présent règlement sera présenté à la sanction du Conseil municipal et à l'approbation du Préfet de la Seine.

OUVROIR INTERNE DES FILLES

DIRIGÉ PAR LES SŒURS DE SAINT-VINCENT-DE-PAUL

Rue de la Fromagerie, 27

Etablissement où les jeunes filles apprennent à marquer, à ourler, à tricoter, à coudre, à repriser, à raccommoder leurs vêtements et ceux de leurs parents, en un mot, à faire les ouvrages de couture qui s'apprennent dans les écoles de filles.

Catéchisme du soir pour les enfants qui travaillent en atelier ou en fabrique.

Tous les soirs de 7 heures à 8 heures; le dimanche et le jeudi exceptés.

MACHINE ÉLÉVATOIRE DES EAUX

Cours Chavigny

Cette *machine élévatoire* qui monte 1,200,000 litres par jour dans les réservoirs de la Ville, alimente et refoule dans les fontaines de Saint-Denis, l'eau d'un puits artésien (dit la Déesse) de 120 mètres de profondeur, foré en 1832. Chaque coup de piston de la machine donne successivement 120 litres.

BORNES-FONTAINES PUBLIQUES

A part les bornes-fontaines publiques désignées ci-après, alimentées par la compagnie générale des eaux (Seine).

1° Avenue de Paris, 50, Plaine Saint-Denis.
2° — 113 —
3° — 181 —
4° — angle de la route du Landy (pont de Soissons).
5° Boulevard Ornano (Octroi), angle de la route de la Révolte.

Toutes les autres bornes-fontaines de la ville de Saint-Denis sont alimentées par l'eau du puits artésien (dit la Déesse).

Ouvertes à la disposition du public depuis 6 heures du matin à 8 heures du soir.

PUITS ARTÉSIENS

Place aux Gueldres (foré en 1829), profondeur 95 mètres.

Place de la Nouvelle Eglise (foré en 1872), profondeur 115 mètres.

Rond-Point de la Caserne (foré en 1832), profondeur 120 mètres.

Rue du Saulger, près de la place du pont Godet, (foré en 1835), profondeur 70 mètres.

Un autre puits se trouve foré dans la cour de l'ancien Hôpital.

En outre, deux autres puits alimentent la troupe de la garnison de Saint-Denis :

L'un à la Grande Caserne (foré en 1824), profondeur 60 mètres.

L'autre au fort de l'Est (foré en 1860), profondeur 36 mètres.

L'eau de ces puits qui atteignent la nappe jaillissante des eaux d'Enghien est légèrement sulfureuse et reconnue bonne par la médecine pour les affections de la gorge et de la peau.

Nota. Tous ces puits ont été reforés à des dates plus récentes selon les besoins de la population.

MARCHÉS PUBLICS

Saint-Denis. — Le marché se tient sur la place du Marché, près l'Hôtel-de-Ville; bien qu'il puisse avoir lieu tous les jours, quelques marchands seuls profitent de cette faculté.

Le marché réel n'a lieu que trois fois par semaine, les dimanche, mardi et vendredi de 4 heures du matin à 5 heures du soir.

Plaine Saint-Denis. — Il se tient sur l'un des côtés de l'avenue de Paris, également les lundi et jeudi de chaque semaine, de 4 heures du matin à 5 heures du soir.

ABATTOIRS PUBLICS

Rue Brise-Échalas, 24

Les abattoirs sont ouverts du 1er mai au 31 octobre de 4 heures du matin à 9 heures du soir. Et du 1er novembre au 30 avril, de 5 heures du matin à 9 heures du soir.

Extrait de l'Ordonnance concernant l'ouverture et la police de l'abattoir public.

Dispositions générales.

. . . .

Le concierge de l'abattoir ne laissera sortir aucune voiture ni paquet sans le visiter.

Il ne sera admis dans l'abattoir aucune personne étrangère au service, à moins d'une permission spéciale.

Il est défendu d'y amener des chiens, autres que ceux des conducteurs de bestiaux. Ces chiens devront être muselés.

Il est défendu d'y traire les vaches, sans la permission des bouchers auxquels elles appartiennent.

Il ne pourra être introduit de voiture dans les bouveries, si ce n'est pour enlever les animaux morts naturellement.

Il est défendu d'élever et d'entretenir dans l'abattoir aucuns porcs, pigeons, lapins, volailles, chèvres et moutons sous quelque prétexte que ce soit.

Il est défendu de faire paître des bestiaux sur les parties où il existe du gazon et de faire stationner des voitures sur ces parties ni entre les arbres.

Les bouchers, charcutiers, fondeurs et tripiers ne pourront sous aucun prétexte, laisser en dépôt dans l'intérieur de l'abattoir des cabriolets, charrettes ou autres voitures, des brouettes et ustensiles hors d'usage.

Il est également défendu aux conducteurs de viande, de loger des chevaux dans l'abattoir.

Ils seront d'ailleurs responsables des faits de personnes qu'ils emploient comme aides.

Les bouchers, charcutiers, fondeurs et tripiers, ne pourront employer ou faire employer pour le transport de leurs marchandises, que des voitures entièrement recouvertes de linge propre.

Les conducteurs se tiendront à pied, à la tête de leurs chevaux et ne pourront conduire qu'au pas.

Il est défendu à toutes les personnes logées dans l'abattoir de jeter ou de déposer au devant de leurs habitations aucuns fumiers, immondices et eaux ménagères.

Aucune voiture de fourrage, de bois ou d'autres combustibles, ne sera reçue dans l'abattoir, si son chargement ne peut être remisé avant la nuit.

Il est défendu d'entrer la nuit dans les bouveries, bergeries ou toits à porcs avec des lumières, si elles ne sont renfermées dans des lanternes closes ou à réseaux métalliques.

Il est défendu d appliquer des chandelles allumées aux murs et aux portes, intérieurement ou extérieurement ni en quelque lieu que ce soit.

Tout espèce de jeux de hazard et autres sont interdits dans l'abattoir, ainsi que tout débit de boissons ou comestibles.

Il est défendu de ne rien écrire, tracer ou crayonner sur les murs et sur les portes, soit en lettres, soit en portraits ou figures quelconques.

Il est expressément défendu de coucher dans les échaudoirs, bouveries, bergeries, séchoirs et greniers.

Conformément au 5e paragraphe de l'art. 2 de l'Ordonnance du 9 juin 1844, on ne pourra, sous aucun prétexte, fabriquer ni engrais, ni compost dans cet abattoir.

Tarif des droits

conformément à l'Ordonnance du 9 juin 1844, il ne sera perçu savoir :

Pour droits d'abattage

1°	Par tête de bœuf	3 fr.	50
2°	— de vache	2	50
3°	— de veau	1	25
4°	— de mouton	0	30
5°	— de porc	1	60

Triperie

Frais de cuisson, nettoyage et lavage

6°	Par tripée de bœuf ou de vache	0 fr.	40
7°	— de mouton	0	07
8°	Par 100 pieds de mouton	1	»
9°	— de veau	1	»
10°	Par tête de veau	0	20

Fonderie de suif

11° Par 100 kilos de suif fondu .... 0 fr.

SERVICE DE LA VOIRIE

Rue de la Légion-d'Honneur, 40

Remise du matériel du balayage et de l'arrosage de la ville.

SERRES DE LA VILLE

Rue de la Paroisse, 6

Remise des fleurs, arbustes et boutures des jardins de la ville.

POMPES FUNÈBRES

Rue de la Boulangerie, 6

SIÈGE CENTRAL : BOULEVARD RICHARD LENOIR, 66, PARIS

Tarif des convois

Enfants

1re classe.	378 fr.	75
2e —	116	50
3e —	59	25
4e —	27	75

Adultes

classe.	5,500 fr.	»
2e —	2,250	25
3e —	964	25
4e —	557	50
5e —	277	75
6e —	136	50
7e —	57	20

HOSPICE

Adultes			*Enfants*		
1re classe.	78 fr.	50	1re classe.	59 fr.	50
2e —	61	50	2e —	38	»
3e —	43	»	3e —	21	»
4e —	28	50			

Le bureau est ouvert tous les jours de 9 heures du matin à 4 h. 1/2 du soir.

Les dimanches et fêtes de 9 heures à midi.

Avis. — L'entreprise des pompes funèbres générales informe les Familles que les convois qu'elles commandent doivent être payés au comptant.

LOGE MAÇONNIQUE

Rue Denfert-Rochereau, 9

Loge de l'Union philantropique.

BUREAU DE PLACEMENT

Rue du Chemin-de-Fer, 21

Ouvert tous les jours de 8 heures du matin à 6 heures du soir.

PORTS DE DÉBARQUEMENT

1° SUR LA SEINE

Route départementale n° 20 de Paris à Épinay (en face le boulevard Ornano).

2° SUR LE CANAL SAINT-DENIS

Sur la rive droite du canal en aval de la passerelle. La rampe d'accès aux voitures se trouve en face de la rue Nicolas Leblanc.

Des grues à pivot et roulantes sont installées sur le quai pour le déchargement des bateaux.

BATEAU A VAPEUR

Administration: 185, boulevard Voltaire, Paris

LE TOURISTE DE PARIS A SAINT-GERMAIN

Départ du pont Royal tous les jours de 10 heures 1/2 du matin depuis le 6 mai au 30 septembre.

Le *Touriste* est de passage à Saint-Denis à midi pour Saint-Germain, et est de retour à 7 heures du soir.

Prix du voyage : 2 francs. Café et restaurant à bord.

Le ponton d'embarquement, route départementale n° 20, est situé à 100 mètres environ en amont du pont de l'Ile-Saint-Denis.

Nota. — Les voyageurs sont priés de héler le bateau (le *Touriste*) pour embarquer lors de son passage.

ORPHELINAT GÉNIN

DE JEUNES GARÇONS

Place aux Gueldres, 12

Cette institution, fondée par le testament de mademoiselle Génin, qui légua pour cet établissement la somme de 500,000 francs, dont elle touchait la rente viagère de 5,000 francs, qui s'est éteinte en mars 1887, est destinée à recevoir 50 enfants orphelins.

Extrait des Statuts

TITRE PREMIER

But de l'œuvre et admission des orphelins

ARTICLE PREMIER. — L'Orphelinat fondé à Saint-Denis au moyen des libéralités faites en 1866 par la demoiselle Louise Génin, a pour but de recueillir les jeunes garçons de la localité orphelins ou appartenant à des familles pauvres.

Les enfants sont entretenus dans la maison de l'œuvre, soit gratuitement, soit à prix réduits si les ressources de leurs parents le permettent.

Ils y reçoivent l'éducation morale et religieuse ainsi que l'instruction primaire et professionnelle.

ART. 2. — A moins des circonstances exceptionnelles laissées à l'appréciation des administrateurs, les élèves ne peuvent être admis avant l'âge de quatre ans et après celui de douze ans.

Sous la même réserve, la famille devra habiter Saint-Denis depuis trois ans au moins.

Les orphelins de père et de mère sont admis de préférence et le nombre des admissions n'est limité que par les ressources de l'œuvre.

ART. 3. — Les enfants restent à l'Orphelinat jusqu'à l'âge de quinze ans accomplis, à moins qu'ils ne soient placés auparavant en apprentissage,

Avant l'admission, les parents, le tuteur ou à défaut les bienfaiteurs, doivent prendre l'engagement par écrit de les y maintenir jusqu'à leur quinzième année.

En cas de retrait anticipé, la famille, le tuteur ou le bienfaiteur, devront verser dans la caisse de l'œuvre une indemnité fixée à 200 francs.

Art. 4. — Les enfants qui ne reçoivent pas l'instruction dans l'Orphelinat suivront les cours de l'école des frères de la Doctrine chrétienne.

Art. 5. — L'œuvre patronne ses pupilles, même après leur sortie de l'établissement.

TITRE II

Organisation et Administration

Art. 6. — L'œuvre est administrée sous la présidence du maire, par une Commission gratuite composée de six membres choisis parmi les personnes notables de la ville ou parmi ses bienfaiteurs et nommés par le préfet de la Seine.

La durée du mandat est de trois ans et la Commission se renouvelle chaque année par tiers.

Les deux premiers renouvellements ont lieu par la voie du sort et les suivants à l'ancienneté.

Art. 7. — Après chaque renouvellement, la Commission choisit dans son sein un vice-président et un secrétaire et délègue un de ses membres pour représenter l'œuvre dans tous les actes de la vie civile.

Art. 11. — La direction intérieure de l'Orphelinat est confiée, sous la surveillance de la Commission, à des religieuses d'une congrégation légalement reconnue.

Art. 12. — Toute personne qui s'engage à verser une somme mensuelle ou annuelle au profit des orphelins, fait partie de l'œuvre *à titre de souscripteur.*

ÉCOLE CHRÉTIENNE LIBRE DES FRÈRES

Rue des Ursulines, 7

L'école est ouverte le matin de 8 heures 1/2 à 11 heures 1/2, et le soir de 1 heure à 4 heures 1/2.

Catéchisme du soir pour les enfants qui travaillent en atelier ou en fabrique, tous les soirs de 7 heures à 8 heures, le dimanche et le jeudi exceptés.

Les dimanches et fêtes : départ des élèves de l'école, à 7 heures 45 pour la messe des enfants qui a lieu à 8 heures du matin.

ÉCOLE CHRÉTIENNE LIBRE DES GARÇONS

FONDÉE PAR M. LE CURÉ DE LA PLAINE SAINT-DENIS

Impasse Chevallier, 3

L'école est ouverte le matin de 8 heures 1/2 à 11 heures 1/2, et le soir de 1 heure à 4 heures 1/2.

Les dimanches et fêtes : départs des élèves de l'école, à 7 heures 45 pour la messe des enfants qui a lieu à 8 heures du matin.

A 9 heures 15 pour la messe des jeunes gens qui a lieu à 9 heures du matin.

A 1 heure 45 pour les vêpres qui ont lieu à deux heures du soir

---

ÉCOLE GRATUITE LIBRE DES FILLES

FONDÉE PAR M. ET Mme GIOT EN 1879

Dirigée par les Sœurs de Saint-Vincent-de-Paul

Avenue de Paris, 141 (Plaine Saint-Denis)

L'école est ouverte le matin de 8 heures 1/2 à 11 heures 1/2, et le soir de 1 heure à 4 heures 1/2.

Les dimanches et fêtes : départ des élèves de l'école à 7 heures 45 pour la messe des enfants qui a lieu à 8 heures du matin.

A 9 heures 15 pour la messe des jeunes gens qui a lieu à 9 heures 1, 2 du matin.

A 1 heure 45 pour les vêpres qui ont lieu à 2 heures du soir.

ÉGLISE ET ÉCOLES ÉVANGÉLIQUES

Rue des Chaumettes, 12

Le Catéchisme a lieu tous les dimanches à 10 heures du matin.

Le culte en français est dit tous les dimanches à 11 heures du matin.

Le culte en allemand est dit tous les premiers dimanches à 3 heures de l'après-midi.

L'école des enfants a lieu toute la semaine de 8 heures du matin à 4 heures du soir, excepté le jeudi.

Pour les renseignements, s'adresser au concierge, même rue n° 8.

SALLE DES CONFÉRENCES GRATUITES

CULTE ÉVANGÉLIQUE ET MÉTHODIQUE

Cours Benoist, 13

Heures des services (entrée libre)

Dimanche : 1 heure 1/2, Instruction pour les enfants.
— 3 heures du soir, Culte.
— 8 heures du soir, Conférence.
Lundi : 8 heures du soir, Réunion privée.
Mercredi : 8 heures du soir, Conférence.
Jeudi : 3 heures du soir, Réunion de couture.
— — Instruction pour garçons.
Samedi : 8 heures du soir, Conférence.
— 9 heures du soir, Réunion de prières.

Salle de lecture et d'écriture pour civils et militaires, ouverte tous les lundi, mercredi, vendredi, de 9 heures à 11 heures 1/2 du matin, et le mardi de 4 heures à 6 heures du soir (fournitures gratuites.)

BUREAU DES CONTRIBUTONS DIRECTES

Rue de Paris, 3

Les contributions directes sont : la contribution foncière, la contribution personnelle et mobilière, celle des portes et fenêtres et des patentes.

Le bureau est ouvert les lundi, mardi et mercredi de 9 heures du matin à 3 heures du soir, à Saint-Denis.

Et de 11 h. à 3 heures à Epinay, le 1er vendredi.
— l'Ile Saint-Denis, le 2e vendredi.
— Pierrefitte, le 1er jeudi.
— Villetaneuse, le 2e jeudi.
— Stains, le 3e jeudi.

NOTA. — Les contribuables pourront prendre connaissance au secrétariat de la mairie, d'un tableau indiquant la division du montant de chaque contribution entre l'Etat, le département et la commune, etc., la nature, la quotité et le produit des divers centimes additionnels au principal des contributions : la destination des impositions départementales et communales, et la date des lois, décrets, arrêtés ou votes qui les ont autorisées ou établies; le montant des réimpositions, etc.

Avis aux contribuables

Les contributions directes sont exigibles par douzièmes (sauf pour la contribution des patentes, dans le cas prévu par l'article 29 de la loi du 15 juillet 1880). Toutefois, en cas de déménagement hors du ressort de la perception, comme en cas de vente volontaire ou forcée, les contributions personnelle-mobilière et des patentes sont immédiatement exigibles en totalité. — Les propriétaires et principaux locataires des maisons sont tenus, un mois avant le déménagement de leurs locataires ou sous-locataires, de faire représenter les quittances de leurs contributions à peine d'en demeurer responsables. En cas de refus de la part du locataire ou sous-locataire de produire les quittances demandées, le propriétaire ou principal locataire doit immédiatement en prévenir le percepteur et retirer de lui une reconnaissance, par écrit, de cet avertissement. — En cas de déménagement furtif, pareil avis doit être donné, dans les trois jours, au percepteur. — Les réclamations en décharge ou réduction doivent être présentées dans les trois mois de la publication des rôles, et les demandes en remise ou modération pour pertes occasionnées par des événements extraordinaires dans les quinze jours qui suivent ces événements. — Les réclamations qui ne seraient pas accompagnées de la quittance des termes échus ne seront pas admises; les contribuables devront également y joindre l'avertissement ou un extrait du rôle. — Celles qui ont pour objet une cote au-dessous de trente francs ne seront pas assujetties au timbre.

Extrait de la loi du 15 juillet 1880

ART. 8. — Le patentable ayant plusieurs établissements, boutiques ou magasins de même espèce ou d'espèces différentes est, quel que soit le tableau auquel il appartient comme patentable, passible d'un droit fixe, en raison du commerce, de l'industrie ou de la profession exercée dans chacun de ces établissements, boutiques ou magasins. — Les droits fixes sont imposables dans les communes où sont situés les établissements, boutiques ou magasins qui y donnent lieu.

ART. 12. — Le droit proportionnel est établi sur la valeur locative, tant de la maison d'habitation que des magasins, boutiques, usines, ateliers, hangars, remises, chantiers et autres locaux servant à l'exercice des professions imposables. — Le droit proportionnel pour les usines et les établissements industriels est calculé sur la valeur locative de ces établissements, pris dans leur ensemble et munis de tous leurs moyens matériels de production.

ART. 26. — Les patentés qui réclameront contre la fixation de leurs taxes seront admis à prouver la justice de leurs réclamations par la représentation d'actes de société légalement publics, de journaux et livres de commerce régulièrement tenus, et par tous autres documents.

ART. 28. — La contribution des patentes est due pour l'année entière par tous les individus exerçant au mois de janvier une profession imposable. — En cas de cession d'établissement, la patente sera, sur la demande du cédant ou du cessionnaire, transférée à ce dernier. La demande sera recevable dans le délai de trois mois, à partir, soit de la cession de l'établissement, soit de la publication du rôle supplémentaire dans lequel le cessionnaire aura été personnellement imposé pour l'établissement cédé. La mutation de cote sera réglée par le Préfet, et les droits qui formeraient double emploi au préjudice du cessionnaire seront alloués en décharge par le Conseil de préfecture, — En cas de fermeture des magasins, boutiques et ateliers, par suite de décès ou de faillite déclarés, les droits ne seront dus que pour le passé et le mois courant. Sur la réclamation des parties intéressées, il sera accordé decharge du surplus de la taxe.

Art. 29. — La contribution des patentes est payable par douzième, et le recouvrement en est poursuivi comme celui des contributions directes. Dans le cas où le rôle n'est publié que postérieurement au 1er mars, les douzièmes échus ne sont pas immédiatement exigibles; le recouvrement en est fait par portions égales, en même temps que celui des douzièmes non échus. Néanmoins, les marchands forains, les colporteurs, les directeurs de troupes ambulantes, les entrepreneurs d'amusements et jeux publics sédentaires, et tous autres patentables dont la profession n'est pas exercée à demeure fixe, sont tenus d'acquitter le montant total de leur cote au moment où la patente est délivrée.

Les réclamations en décharge ou réduction doivent être présentées à M. le Préfet de la Seine, dans les *trois mois* de la publication des rôles, sauf dans le cas de faux ou double emploi, où le délai ne prend fin que trois mois après que le contribuable a eu connaissance des poursuites dirigées contre lui par le percepteur pour le recouvrement de la cotisation indûment imposée.

Tout contribuable qui se croira imposé à tort ou surtaxé, soit dans les rôles généraux des quatre contributions directes, soit dans ceux de la taxe des prestations en nature, pourra en faire la déclaration à la mairie du lieu de l'imposition, dans le mois qui suivra la publication desdits rôles. Cette déclaration sera reçue sans frais, ni formalités, sur un registre tenu à la mairie; elle sera signée par le réclamant ou son mandataire. Dans le cas où la déclaration après examen sommaire, ne serait pas reconnue fondée, il en sera donné avis au contribuable, qui aura la faculté de présenter une demande en dégrèvement dans les formes ordinaires, dans un délai d'*un mois* à partir de la date de la notification, sans préjudice des délais fixés par les lois du 4 août 1884, article 8, et du 29 décembre 1884, article 4.

Les contribuables sont invités à joindre leur avertissement à l'appui de leur déclaration.

Enregistrement des baux et déclarations de loyers

Les locations verbales doivent être déclarées au bureau de l'enregistrement, dans les trois mois de l'entrée en jouissance. Les baux écrits sous-seings privés sont enregistrés dans les trois mois de la date de l'acte, à moins que l'entrée en jouissance ne soit antérieure à la rédaction du bail, auquel cas le délai court de cette entrée en jouissance. Le droit est de 25 centimes par 100 francs, décimes compris. Le propriétaire et le locataire sont responsables du payement. A défaut d'enregistrement ou de déclaration, il est dû un droit en sus qui ne peut être inférieur à 62 fr. 50 cent., décimes compris. (Lois des 22 frimaire an VII, 27 ventôse an IX, 16 juin 1824, 23 août 1871, 28 février 1872 et 30 décembre 1873.)

Pour les réclamations, s'adresser tous les jours, à la mairie, de 1 h. à 3 heures du soir.

Déclaration des chiens, chevaux, voitures, billards, etc., tous les jours aux mêmes heures que ci-dessus.

OCTROI DE SAINT-DENIS

BUREAU CENTRAL : Rue de Paris, 1

Tarif des contributions indirectes

Boissons liquides.	l'hectol.
Vins en cercles et en bouteilles................,	2 10
Cidres, poirés et hydromels....................	» 85
Alcool pur contenu dans les eaux-de-vie, esprits, liqueurs, fruits à l'eau-de-vie et absinthe.........	18 »
Alcool dénaturé..................................	7 50
Vinaigre de toute espèce, fruits et conserves au vinaigre, lies liquides ou épaisses, et toute autre substance ou liquide servant à la fabrication du vinaigre ou pouvant en tenir lieu..............	4 »

	100 k.
Bières	2 20

Comestibles.

Viande nette de bœufs, vaches, veaux, taureaux, moutons, porcs, boucs, agneaux et chevreaux	5 »
Chèvres	1 70
Volailles et gibier de toutes sortes	15 »
Lapins domestiques	5 »
Saucissons, jambons, pâtés de toutes graisses comestibles, lard salé, petit salé, viandes fumées de toutes sortes et toute charcuterie	6 »
Huîtres	3 »

Combustibles.

	l'hectol.
Huiles minérales et toutes autres substances de même nature pouvant être employées comme huile.	3 50
Houille	» 30
Coke	» 20
Charbon de bois	» 27
Charbon artificiel pouvant remplacer le charbon de bois, braise et poussier de charbon de bois, tan, tourbe carbonisée, escarbilles	» 10
	le stère
Bois dur	1 25
Bois blancs	1 »
Fagots et bourrées de toutes sortes, copeaux provenant d'arbres abattus, hartz	» 20
Cotrets et souches, provenant d'arbres abattus, falourdes	» 30
	100 kil.
Cires blanches ou jaunes	16 50
Spernaceti raffiné, bougies stéariques, acide stéarique et margarique et autres substances pouvant remplacer la cire	» 15
Suifs de toute espèce, bouts ou fondus sous toute forme, vieux oings et graisses de toute espèce non comestibles, sortant des abattoirs ou venant de l'extérieur	3 »

Fourrages.		100 bot.
Foin		2 20
Paille		1 65
Avoine		» 55

Matériaux.		le stère
Bois d'essence dur, en grume ou équarri, débité en sciage ou en fente, façonné ou non		4 50
Bois d'essence tendre, en grume ou équarri, débité en sciage ou en fente, façonné ou non		2 60
Bardeaux	1,000 brins.	» 50
Lattes	100 bottes.	5 »
Treillages de toute espèce	id.	10 »
Plâtre	l'hectolitre.	» 38
Chaux de toute sorte	id.	» 40
Ciment de toute sorte	id.	» 75
Moëllons, meulières et cailloux de toute espèce.	le m. cube.	» 55
Sable et sablon de toute sorte	id.	» 30
Pierres de taille dures	id.	3 »
Pierres de taille tendres	id.	3 40
Dalles et carreaux de pierres de toute espèce.	le m. sup.	» 60
Tuiles de dimension ordinaire	le 1,000.	3 »
Briques de dimension ordinaire	id.	2 50
Ardoises de dimension ordinaire	id.	2 50
Carreaux de dimension ordinaire	id.	2 50
Mitre, tuyaux et poteries de toute espèce destinés à la construction des bâtiments	0/0 k.	» 25
Marbres et granits	le m. cube.	12 »
Fers de toute espèce destinés à la construction des bâtiments, façonnés ou non	les 0/0 k.	2 50
Fonte de toute espèce destinée à la construction des bâtiments, façonnés ou non	les 0/0 k.	2 »

En ce qui touche la plaine Saint-Denis, les droits pour les boissons et spiritueux sont les suivants :

Vins en cercles ou en bouteilles	l'hectolitre.	1 »
Cidres, poirés ou hydromels	id.	» 53
Alcool pur contenu dans les eaux-de-vie, esprits, liqueurs, fruits à l'eau-de-vie et absinthes.	l'hect.	6 »

BUREAUX DE LA RÉGIE

A SAINT-DENIS

Rue de Paris, 65 (*Bureau central*)

Rue de la Fromagerie, 8 (Est); rue de Toul (Sud); rue Fontaine (Nord); rue Brise-Échalas, 10 (Gare).

Plaine Saint-Denis

Avenue de Paris, 65; avenue de Paris, 225.

BUREAUX DE TABACS

Vente de papier timbré, timbres-poste, mobiles et à quittance

SAINT-DENIS

Gare de Saint-Denis.
Rue Compoise, 15.
Id. 32.
Id. 81.
Rue de Paris, 5.
Id. 81. (Papier timbré.)
Id. 99.
Id. 127.
Id. 37.
Id. 34. (Papier timbré.)
Id. 149. Id.
Place Victor-Hugo, 3. Id.
Rue Saint-Rémy, 11.
Rue du Saulger, 39.
Rue Jannot, 1. (Papier timbré.)
Rue de la Briche, 44. Id.
Rue du Chemin-de-Fer, 21.
Rue du Port, 39.
Id. 44.
Cours Ragot, angle de la rue du Square-Thiers.

Rue de la Gare.
Route de Gonesse, 88.
Route d'Aubervilliers, 5.

PLAINE SAINT-DENIS

Avenue de Paris, 22.
Id. 67.
Id. 158. (Papier timbré.)
Id. 220.

DROITS DE VOIRIE

§ 1er. — CONSTRUCTIONS NEUVES

Alignement pour chaque mètre de longueur de façade :

1° De bâtiments en maçonnerie	2 50
2° De constructions en pan de bois	4 »
3° De murs de clôture	» 50
Exhaussement d'un bâtiment (droit fixe)	5 »

§ 2. — CONSTRUCTIONS EN SAILLIE

saillie fixe

Grand balcon, par mètre de longueur		5 »
Petit balcon	(droit fixe).	» 70
Colonne ou pilastre	id.	2 »
Perrons en pierre	id.	6 »
Bancs en façade	id.	2 »
Borne isolée ou engagée	id.	» 50

En cas de rétablissement de ces divers objets, il ne sera perçu qu'un demi-droit.

saillie mobile

Auvent en bois ou en métal :

1° Au-dessus d'une boutique	(droit fixe).	2 »
2° Au-dessus d'une porte (dite marquise)	id.	20 »

Porte ouvrante de dehors ou croisée munie de

contrevents, volets ou persiennes, ou garnies de grilles ou de barreaux en saillie, pour chaque croisée.. (droit fixe).	»	70
Tableaux, enseigne, lanterne, banc ou store. id. .	3	»
Devanture de boutique........................ id. .	6	»
Travail de maréchal-ferrant.................. id. .	15	»

§ 3. — TRAVAUX OU RÉPARATIONS

Reconstruction partielle d'un mur de face :

1° Du rez-de-chaussée d'un bâtiment, par mètre de longueur..	1	»
2° Au-dessus du rez-de-chaussée... (droit fixe).	3	»

§ 4. — OUVERTURES

1° D'une croisée.................... (droit fixe).	2	»
2° D'une porte bâtarde............ id. .	3	»
3° De la porte charretière ou cochère et de grille.............................. (droit fixe).	5	»
4° De baie de boutique, indépendamment du droit de devanture.................. (droit fixe).	4	»

§ 5. — RAVALEMENT PARTIEL OU GÉNÉRAL

1° De la façade entière d'une maison. (droit fixe).	2	»
2° D'un mur de clôture............ id. .	1	»

ENREGISTREMENT ET DOMAINES

Rue Lanne, 88

Les bureaux sont ouverts de 8 heures du matin à 4 heures du soir.

Cette formalité est extrêmement importante, et ceux qui ne l'accomplissent point s'exposent à de graves inconvénients, indépendamment des amendes qu'ils peuvent encourir. Quand il s'agit d'actes sous-seing privé, l'enregistrement fixe leur date, même à l'égard des tiers ; l'enregistrement est nécessaire chaque fois qu'on veut faire usage de ces actes, soit dans un acte public, soit en justice ou devant une autorité constituée, sous peine de payer un double droit.

Papier timbré

Le papier timbré, établi par Louis XIV en 1675, à la suite de la campagne de Hollande, figurait déjà dans certaines provinces dès 1635.

Les papiers destinés au timbre et débités par la régie sont fabriqués dans les dimensions déterminées par la loi ; ils portent un filigrame particulier imprimé dans la pâte même à la fabrication. L'empreinte est appliquée au haut de la partie gauche de la feuille.

Les papiers employés à des expéditions ne peuvent contenir compensation faite d'une feuille à l'autre, savoir : plus de 25 lignes par page de moyen papier, plus de 30 lignes par page de grand papier et plus de 35 lignes par page de grand registre ; l'amende pour les particuliers contrevenants est de 5 francs.

L'empreinte du timbre (timbre noir ou timbre sec) ne peut être couverte d'écriture ni altérée, et le papier timbré employé à un acte quelconque ne peut plus servir pour un autre acte, quand même le premier n'aurait pas été levé L'infraction à ces dispositions entraîne contre les particuliers une amende de 25 francs payée pour chaque acte fait en contravention.

Tarif des timbres

(y compris les doubles décimes)

Timbres de dimension pour les actes :

Demi-feuille,	0.250 × 0.176.....	» 60
Petit papier,	0.250 × 0.353.....	1 20
Moyen papier,	0.297 × 0.420.....	1 80
Grand papier,	0.353 × 0.500.. ..	2 40
Grand registre......................		3 60

5.

Timbres de dimension pour affiches :

Feuille de 12 décimètres 1/2 carrés et au-dessous.	» 05
Feuille de 12 1/2 à 25 décimètres carrés........	» 10
Feuille de 25 à 50 décimètres carrés...........	» 15
Feuille au-delà de cette dernière dimension....	» 20

JUSTICE DE PAIX

Grande-rue-Saint-Marcel

Pour les permis de citer, s'adresser au GREFFE, rue Francklin, 8, ouvert tous les jours de 9 heures à 5 heures du soir, dimanches et fêtes exceptés.

La conciliation se fait à huis-clos dans le cabinet de M. le Juge, le mardi de midi à 5 heures du soir.

Les conseils de famille, le mercredi de 1 heure à 5 heures du soir.

Les audiences civiles et de police ont lieu tous les vendredis de midi à 5 heures du soir.

M. le Juge de Paix reçoit tous les jours à son cabinet de 9 heures à 5 heures du soir. S'adresser au greffe.

Légalisation, tous les jours, dimanches et fêtes exceptés

POLICE MUNICIPALE

Commissariats de police

La ville est divisée en deux circonscriptions ou sections: Nord et Sud.

BUREAU. *Section Nord.* A l'Hôtel de Ville, place du Marché.

Bureau. *Section Sud.* A l'ancien hôpital, place de la Légion-d'honneur.

Service de nuit. Les bureaux sont ouverts toute la nuit.

GENDARMERIE NATIONALE

Saint-Denis. — 1, Boulevard Châteaudun, 2 brigades à cheval, 1 capitaine.

Plaine-Saint-Denis. — Avenue de Paris, 54, 1 brigade à pied.

RECRUTEMENT DE LA SEINE

En exécution de la loi du 27 juillet 1872 sur le recrutement de l'armée, tous les jeunes gens, c'est-à-dire tous ceux qui sont nés dans le département, sont invités à se rendre immédiatement ou à se faire représenter à la Mairie du domicile de leur père ou de leur mère, si elle est veuve, ou de leur tuteur s'ils sont orphelins, pour y faire les déclarations nécessaires à leur inscription sur les tableaux de recensement ou relatives aux réclamations qu'ils auraient à faire valoir.

Les jeunes gens doivent, à moins d'absence de France ou du département ou à moins de cas de maladie, venir en personne à la mairie pour y faire les déclarations prescrites, afin de permettre au Maire de prendre leur signalement et de constater leur taille et leur degré d'instruction.

Les jeunes gens dont la famille est domiciliée en France et qui se trouvent soit en Algérie, soit aux colonies françaises, soit en pays étranger, doivent se faire inscrire au tableau de recensement de la commune ou leur père, mère ou tuteur ont leur domicile.

Toutefois, les Français nés en Algérie et qui ont conservé leur domicile, ceux qui, n'y étant pas nés, y sont domiciliés, ou qui, ayant leurs parents domiciliés sur le territoire continental de la France, ont fixé en Algérie leur résidence habituelle et qui prennent devant le Maire, ayant leur inscription sur le tableau de recensement, l'engagement d'y résider dix ans, ont, en vertu des dispositions de l'article 1er de la loi du 6 novembre 1875, sur le recrutement en Algérie, la faculté de recourir en Algérie à la formation de leur classe et, par conséquent, de réclamer leur inscription sur le tableau de recensement de la commune d'Algérie où ils ont leur domicile.

Les fils de colons, dont les père, mère ou tuteur ont acquis leur domicile en France, doivent également se faire porter sur les tableaux de recensement de ce domicile.

Enfin, ceux qui seraient *mariés* ou *veufs*, ou *engagés*, ou *expatriés*, ou *détenus*, ou dans un cas de dispense, ne doivent pas moins être inscrits, ainsi que ceux qui, appartenant par leur âge à la classe précédente, auraient *contracté l'engagement conditionnel d'un an* autorisé par les articles 53 et 54 de la loi militaire.

La loi oblige également les parents ou tuteurs des jeunes gens de la classe appelée quelle que soit la position de ces jeunes gens, à faire inscrire ceux qui sont absents ou empêchés.

Il ne faut pas perdre de vue que les omis d'une classe se trouvent reportés à l'une des classes suivantes, ce qui retarde d'une ou plusieurs années leur libération du service, et qu'ils sont en outre exposés aux peines édictées par la loi, d'après les dispositions de l'article 60, portant que les jeunes gens omis sur les tableaux de recensement, par suite de fraudes ou de manœuvres, seront déférés aux tribunaux et punis d'un emprisonnement d'un mois à un an.

Les auteurs ou complices sont punis des mêmes peines.

Dans le cas de condamnation, les jeunes gens omis seront inscrits en tête de la liste du tirage, où les premiers numéros leur seront attribués de droit.

Tout jeune homme inscrit qui viendrait à changer de domicile avant le jour fixé pour le tirage, devra en prévenir immédiatement la mairie où son inscription aura été effectuée.

On engage les jeunes gens, *dans leur propre intérêt*, à se présenter à leur mairie respective, munis, autant que possible, de leur acte de naissance.

Les hommes, quelle que soit la catégorie *de réserve* à laquelle ils appartiennent, qui, pour des raisons de santé, ne se croient plus aptes au service, peuvent se présenter à toute époque de l'année à leur bureau de recrutement aux jours et heures indiqués ci-dessous.

Demême, aux périodes d'instruction, *les réservistes et les territoriaux* qui ne croient pas, en raison de leur état de santé, pouvoir remplir leur période d'instruction, doivent se présenter à leur bureau de recrutement afin d'y être visités et proposés, s'il y a lieu, pour un ajournement à un appel ultérieur.

Bureau central : 71, rue Saint-Dominique (Paris).

Les bureaux de recrutement sont ouverts de 9 heures à 11 heures du matin, et de 1 heure à 5 heures du soir, excepté les dimanches et jours de fête.

Nota. — La Commission spéciale de réforme se réunit au bureau de recrutement central. Les intéressés sont informés par leur bureau de recrutement respectif du jour et de l'heure auxquels ils devront se présenter.

Pour les 10e, 19e 20e arrondissements de Paris et les cantons de Pantin et de Saint-Denis, affectés au 2e corps d'armée (Amiens). S'adresser au 1er bureau annexe.

Au poste-caserne no 5 (Porte de la Chapelle).

Jours de visite pour les réservistes et territoriaux relevant de ce bureau : les lundi et jeudi à 9 heures du matin.

Emplacement des troupes de l'armée active dépendant du 2me corps d'armée (Amiens) :

Infanterie

45e Laon — 51e Beauvais — 54e Compiègne — 67e Soissons

72e Amiens, Abbeville — 87e Saint-Quentin — 120e Péronne, Sédan — 128e Abbeville, Givet — 130e Mayenne.

Cavalerie

Dragons : 5e Compiègne — Chasseurs : 3e Abbeville.

Artillerie

17e La Fère — 29e Laon.

DEPOT DE SURETÉ

Rue Compoise, 3

COMPAGNIE DES SAPEURS-POMPIERS

Administration de la Compagnie : Hôtel de Ville de St-Denis

Place Victor-Hugo

M. le capitaine est visible à son bureau les mardi et jeudi de chaque semaine, de 8 heures à 10 heures du soir, le dimanche de 10 heures à midi.

Effectif : 100 hommes y compris le cadre complet des officiers.

La manœuvre a lieu les mercredi et vendredi de chaque semaine, en été, de 8 heures à 10 heures du soir, sous le préau de l'école du boulevard Châteaudun, et en hiver, à l'ancien Hôpital.

Le matériel et les pompes sont remisés rue Compoise, 59, et à l'école du boulevard Châteaudun.

Poste ouvert toute la nuit, rue de la Boulangerie (ancien Hôpital). En cas d'incendie, s'adresser au clairon de garde.

BOUCHES D'INCENDIE

En outre des *70 bornes-fontaines publiques* do Saint-Denis et de la plaine Saint-Denis, alimentées par la Compagnie générale des Eaux et par le Puits artésien (dit la Déesse), et *117 bouches d'eau* placées sous trottoirs, alimentées par la même Compagnie; *32 bouches d'incendie*, alimentées par le même Puits artésien, sont installées aux endroits suivants, à la disposition des pompiers en cas d'alarme :

Avenue de Paris, 86, bordure de la route.
Id. 115, Id.
Id. 172, Id.
Id. Pont du canal.
Rue d'Aubervillers (nouvel Hôpital), entrée rue du Fort de l'Est.
Rue de la Briche, 2, angle de la rue Jannot.
Rue des Boucheries, 12, angle de la rue de la Boulangerie.
Rue Catulienne, 23, angle de la rue du Port.
Rue du Chevet-de-l'Eglise, 1, angle de la rue du Chemin-de-Fer.
Rue du Chemin-de-Fer, 10, angle de la rue Désobry.
Rue du Corbillon, 13.
Rue des Chaumettes, 5.
Rue de la Courtille, 5, angle de la rue de la rue de Chabrol.
Rue Compoise, 1, angle de la rue du Cygne.
Cours Chavigny, 7, milieu du bâtiment de l'École.
Rue Franclin, 4, angle de la Petite-Rue-Saint-Marcel.
Route de Gonesse, 19.
Rue Haguette, angle de la rue Traverse.
Rue Moreau, 10, angle du boulevard Châteaudun.
Rue du Port, 3.
Rue des Poissonniers, 4 et 6.
Rue des Poissonniers, 10, en face la rue de Coignet.
Place du Pont-Godet, 3, angle de la rue Pierre-Béguin.
Rue de Paris, 3.
Rue de Paris, Rond-Point de la Caserne.
Avenue de Saint-Rémy, 7.

Rue de Saint-Rémy, 13, angle de la rue Robert-Foulon.
Cours Ragot, milieu du bâtiment de l'Ecole.
Rue de Strasbourg, 10.
Rue du Saulger, 19, angle de la rue de l'Alouette.
Rue Suger, 6.
Rue des Ursulines, 1.

Nota. — Des plaques indicatrices sont posées à l'emplacement de ces bouches.

ASSOCIATION PHILOTECHNIQUE

POUR L'INSTRUCTION GRATUITE DES ADULTES

Fondée en 1861

École communale, rue du Corbillon, 8

L'*Association phylotechnique* compte plus de 300 patrons qui la soutiennent de leurs dons et cotisations. Elle organise des cours qui ont lieu pendant six mois de l'année, de l'automne au printemps. Elle appelle à son aide les hommes de talent qui viennent presque tous les jeudis faire des conférences toujours fort suivies.

Depuis longtemps, cette Société a rendu de signalés services à la cause de l'instruction populaire.

. . . .

Extrait des Statuts

But et Objet de l'Association

Art. 3 —L'Association a pour objet principal l'instruction aux adultes.

Art. 4. — Pour atteindre ce but, elle établit des cours relatifs aux arts, au commerce et à l'industrie. L'enseignement de ces cours est essentiellement donné en vu de la pratique; il n'admet que les théories et les exercices susceptibles d'applications usuelles.

Art. 5. — L'Association distribue chaque année des mentions, prix, médailles, livrets de caisse d'épargne, certificats d'étude et autres encouragements aux élèves qui se sont le plus distingués par leur exactitude, leur travail et leurs progrès. Les certificats d'études seront délivrés dans les mêmes conditions que celles prescrites par l'art. 20 des statuts de l'Association philotechnique de Paris

Cette distribution a lieu autant que possible, dans le courant du mois de juin.

. . . .

Les cours ont lieu pour les adultes des deux sexes, tous les soirs de la semaine de 8 heures à 10 heures du soir, depuis le 1er novembre jusqu'au 31 mars; excepté le jeudi jour réservé aux conférences faites dans la salle de l'école de l'Association de 8 heures à 10 heures du soir. Des cours d'écriture et de lecture à haute voix et récitation ont lieu le dimanche :

L'un à 8 h. 1/2 du matin.

L'autre à 10 heures du matin.

Les cours n'ont pas lieu les jours suivants : Tous les dimanches; veille de Noël; Jour et lendemain du nouvel an; lundi et mardi gras; mercredi des cendres.

L'Association philotechnique a sous son patronage les Sociétés suivantes :

La chorale *les Enfants de Saint-Denis* (cours de solfège) les mardi et vendredi de chaque semaine au siége de la Société, rue de Strasbourg, 2.

La Patriote (cours de gymnastique) les mardi, jeudi et samedi de chaque semaine au siège de la Société, gymnase communal, rue Jannot, à Saint-Denis.

Pour les demandes et renseignements :

S'adresser à M. le Président de l'Association ou au Comité de direction, 8. rue du Corbillon, à Saint-Denis.

Plaine Saint-Denis

Ecole communale, avenue de Paris, 120.

Les cours ont lieu les mêmes jours et heures que ceux de Saint-Denis.

Bibliothèque

L'Association philotechnique tient aux écoles de la rue du Corbillon, 8, une bibliothèque pour la lecture sur place et le prêt de livres à domicile. La bibliothèque est ouverte tous les jours (les jeudis et dimanches exceptés) de 8 heures à 10 heures du soir.

S'adresser à M. le Directeur des cours aux Ecoles.

LIGUE DE L'ENSEIGNEMENT LAÏQUE

(FONDÉE EN 1879)

Rue de Strasbourg, 1

Se rattachant au cercle parisien de la Ligue de l'Enseignement fondée par Jean Macé, le groupe dyonisien de la Ligue de l'Enseignement laïque poursuit avec une louable ardeur la vulgarisation de l'instruction populaire, en organisant les soirs d'hiver des cours et conférences et en mettant sa bibliothèque populaire à la disposition des ouvriers.

Le Comité d'administration de cette Société adresse un chaleureux appel à tous les bons citoyens et les invite à se faire inscrire au nombre des membres adhérents.

La cotisation annuelle est de 6 francs.

Les membres du groupe dyonisien de la Ligue de l'Enseignement laïque se recrutent parmi les Républicains sincères et essentiellement dévoués à la cause de l'Instruction populaire.

Le constant objectif de la Ligue est le progrès et l'émancipation intellectuelle.

Un esprit anti-clérical préside à toutes les œuvres du groupe qui a pris pour devise : Science, Vérité.

Extrait des Statuts

Extrait des statuts. — Art. 2. — Elle a pour but de propager et d'améliorer, à Saint-Denis et dans son arrondissement, l'instruction et l'éducation par tous les moyens qui seront en son pouvoir, tels que fondation de bibliothèques populaires, cercles d'ouvriers, lectures, conférences et cours publics, ou tout autre mode d'activité que suggérera l'expérience,

Art. 3. — La société s'interdit, de la manière la plus formelle, toute discussion politique ou religieuse.

Art. 4. — Pour être admis dans la Société, il faudra être présenté par deux de ses membres. Le comité, après enquête devra statuer sur la proposition à une de ses plus prochaines séances, et avertir régulièrement l'intéressé de sa décision. Les dames peuvent faire partie de la société; les mineurs de dix-huit ans peuvent être nommés membres de la Ligue de l'Enseignement laïque. Ils devront être présentés par deux membres majeurs.

Art. 5. — Aucun don de livres ne peut être accepté, ni aucun achat effectué pour les bibliothèques de la société, sans le consentement préalable du comité de la commission nommée *ad hoc* par lui.

S'il y a désaccord au sein de la commission, la question devra être déférée au comité, qui décidera à la majorité des membres.

. . . .

Art. 7. — Le Groupe Dyonisien est administré, par un comité composé de trente membres nommés en assemblée générale, par voie de scrutin, à la majorité des membres présents, et renouvelable tous les ans par tiers et à l'ancienneté.

Les membres sortants des deux premières années seront désignés par voie de tirage au sort.

Les membres sortants peuvent être réélus chaque année.

Les mineurs ne pourront être nommés à aucune fonction élective et n'auront pas voix délibérative.

. . . .

Art. 11. — La société se réunit en assemblée générale, au moins une fois chaque année, sur convocation faite quinze jours à l'avance.

Elle se compose de tous les membres dont l'admission au Groupe Dyonisien a été décidée par le comité.

Dans cette assemblée, il est rendu compte des travaux de la société, ainsi que de l'état de ses finances, et il est procédé au remplacement ou à la réélection des membres sortants du comité.

On ne peut y discuter que les questions mises à l'ordre du jour.

Art. 12. — La société publiera un bulletin qui comprendra les listes d'adhésion et les renseignements de toute nature relatifs à ses travaux. Ce bulletin sera envoyé gratuitement à tous les adhérents.

. . . .

Les Cours pour les adultes des deux sexes, ont lieu à l'école des garçons du boulevard Châteaudun, tous les soirs de la semaine de 8 h. à 10 h. du soir, depuis le 1er novembre jusqu'au 31 mars.

La Ligue de l'Enseignement laïque a sous son patronage les sociétés suivantes :

L'*Union Musicale* (fanfare), cours de solfège, les lundi et mercredi de chaque semaine, de 8 h. à 10 h. du soir, au siège de la société. Rue de la Courtille, 5.

L'*Indépendante*, cours de gymnastique, les lundi, mercredi et vendredi de chaque semaine au gymnase communal, rue Jannot, et les autres jours, au siège de la société, de 8 h. à 10 h. du soir.

Les Flobertistes Dyonisiens, cours de tir, les mardi, jeudi et vendredi de chaque semaine de 8 h. à 10 h. du soir et le dimanche de 1 h. à 4 h. de l'après-midi, avenue Saint-Rémy, 1.

L'Association nationale de Topographie (Section de Saint-Denis).

Les demandes et renseignements ainsi que la correspondance doivent être adressées au siège social de la Société :

Rue de Strasbourg, 1, à Saint-Denis.

. . . .

Bibliothèque

La Bibliothèque populaire créée par la Ligue de l'Enseignement laïque est ouverte tous les jours de 8 h. à 10 h. du soir, le jeudi et le dimanche exceptés.

Prêt gratuit de livres ou lecture sur place, rue de Strasbourg, 1, Saint-Denis.

Le quartier de la Plaine Saint-Denis possède aussi une bibliothèque populaire ouverte au public dans les mêmes conditions que celles de Saint-Denis, Avenue de Paris, 84.

Ouverte : le dimanche de 10 h. du matin à 2 h. du soir ; le lundi et le jeudi de midi à 7 h. du soir.

BUREAUX DE DIFFÉRENTS SERVICES

Génie.— Rue de Paris, 22.
Artillerie — Rue Moreau, 10.
Place.— A la caserne, bâtiment D.
Lits militaires.— Rue de Paris, 130
Ponts et Chaussées.— Rue Haguette, 17.

Ces bureaux sont ouverts au public tous les jours de la semaine de 8 h. du matin à 5 h. du soir, les dimanches et fêtes exceptés.

SIÈGE DES SOCIÉTÉS DIVERSES

ET ANNÉE DE LEUR FONDATION

Musicales

Société chorale « Les Enfants de Saint-Denis », société fondée en 1857. Le cours de solfège de cette société a été créé en 1868. Siège social : Rue de Strasbourg, 2.

« L'Union musicale » (fanfare), société fondée en 1870. Le cours de solfège vocal et instrumental de cette société est fondé depuis 1874. Siège social : Rue de la Courtille, 5.

« Fanfare de la Plaine Saint-Denis », société fondée en 1874. Siège social : Avenue de Paris, 76.

« L'Avenir musical » (harmonie), fondée en 1885. Siège social : Rue Jaunot, 23 (Gymnase communal).

« Section symphonique » fondée en 1887. Siège social: Rue de la Courtille, 5.

« Les Elèves de l'Union musicale » fanfare fondée en 1887. Siège social : Rue de la Courtille, 5.

« Fanfare Pleyel-Wolff » société fondée en 1887. Siège social: Route de la révolte, 153.

« Harmonie des Verreries et Cristalleries de Saint-Denis » société fondée en 1887. Siège social : Avenue de Paris, 87 (Plaine Saint-Denis).

« Fanfare de la Route de Gonesse » société fondée en 1887. Siège social : Route de Gonesse, 13.

« Les amis réunis » (fanfare de trompettes) société fondée en 1884. Siège social: Cours Chavigny, 2.

« L'Echo » (fanfare de trompes de chasse) société fondée en 1885. Siège social: Rue de la Fromagerie, 10.

« La Saint-Hubert (fanfare de trompes de chasse), société fondée en 1888.

Société chorale « le Cercle orphéonique de Saint-Denis » société fondée en 1886. Siège social : Cours Benoist, 25, (Salle Mérot).

« Les Rigolos de Saint-Denis » (fanfare bigophone) société fondée en 1887. Siège social : Cours Ragot, 18.

Artistiques et Littéraires

« La Jeunesse de la Plaine Saint-Denis » société fondée en 1887. Siège social : 4, Avenue de Paris (Plaine Saint-Denis)

« L'union » société fondée en 1888. Siège social: 4, Avenue de Paris (Plaine Saint-Denis).

Lyriques et Dramatiques

« La Jeunesse dyonisienne » société fondée en 1876. Siège social : Cours Benoist, 25, (Salle Mérot).

« La Gaîté française » société fondée en 1884. Siège social: Cours Benoist, 25 (Salle Mérot).

« Le Cercle dyonisien » société fondée en 1884. Siège social : rue de Paris, 122 (Cirque).

« La Mélodieuse » société fondée en 1888. Siège social : avenue de Paris, 173. Plaine Saint-Denis.

Gymnastique

« La Patriote » société fondée en 1879. Siège social : rue Jannot, 23 (Gymnase communal).

« L'Indépendante » société fondée en 1882. Siège social : avenue Saint-Remy, 1.

« L'Etoile » société fondée en 1887. Siège social : rue Compoise, 35.

« La Sentinelle » société fondée en 1888. Siège social : avenue de Paris, 67 (Plaine Saint-Denis).

Topographie

« Association nationale de Topographie » (section de Saint-Denis) société fondée en 1887.

Tir

« Les Flobertistes dyonisiens » société fondée en 1880. Siège social : avenue Saint-Rémy, 1.

« La Renaissance » société fondée en 1884. Siège social : rue de Paris, 26.

« L'Avenir, » société fondée en 1883. Siège social : Cours Ragot, 9.

« La Frontière, » société fondée en 1887. Siège social : rue du Port, 27.

« Tir régional de Saint-Denis, » société fondée en 1879. Siège social : avenue de Paris, 387.

« Montjoie Saint-Denis, » société fondée en 1872. Siège social 173, avenue de Paris, (Plaine Saint-Denis).

« La Vigilante, » société fondée en 1885. Siège social : boulevard Ornano, 227.

« Le bataillon scolaire. » Siège social : (Gymnase communal) rue Jannot, 23.

« Les Ex-Militaires, » société fondée en 1868. Siège social : Cours Ragot, 36.

« Hospitaliers Sauveteurs Bretons, » société fondée en 1874. Siège social : rue Brise-Echalas, 10.

« Les Francs-Tireurs, » société fondée en 1870. Siège social : rue de la Briche, 22.

Secours Mutuels

« L'union fraternelle des Cultivateurs et Jardiniers, » société fondée en 1866. Siège social : (Gymnase communal), rué Jannot, 23.

« Les Ouvriers des Verreries et Cristalleries de Saint-Denis » société fondée en 1875. Siège social : avenue de Paris, 85 (Plaine).

« Les Alsaciens-Lorrains, » société fondée en 1873. Siège social : rue Perdonnet, Paris, 25.

Bureau de la section de Saint-Denis : rue de Paris, 11.

« Les Membres honoraires des Pompiers, » société fondée en 1886. Société d'encouragement aux Sapeurs Pompiers. Siège social : Hôtel de Ville de Saint-Denis.

« Les Imitateurs de l'Abeille, » société fondée en 1836. Siège social : rue de la Briche, 26.

« Le Cercle de la Jeunesse, » société fondée en 1868. Siège social : cours Ragot, 32.

« La Confrérie des Jardiniers, » société fondée en 1860. Siège social : avenue Saint-Rémy, 5.

« La Caisse humanitaire, » société fondée en 1882. Siège social : (Gymnase communal).

« Les Imprimeurs sur étoffes, » société fondée en 1833. Siège social : (Gymnase communal).

« Les graveurs, » société fondée en 1859. Siège social : (Gymnase communal) rue Jannot, 23.

« La Prévoyance, » société fondée en 1868. Société coopérative de crédit mutuel. Siège social : (Gymnasse communal) rue Jannot, 23.

« Union du Tour de France, » société fondée en 1875. Siège social : deux sections, Place aux Gueldres, 9.

« Les Prévoyants de l'Avenir, » société fondée en 1880. Société civile de retraites. Siège social : Boulevard Saint-

Germain, 67, Paris. Bureaux à Saint-Denis (25e section), Hôtel de Ville.

« La Caisse des Ecoles, » société fondée en 1882. Siège social : Hôtel de Ville de Saint-Denis.

« Groupe mutuel des ouvriers de la Maison Pleyel et Cie, » société fondée en 1882. Siège social : route de la Révolte, 160.

Coopératives d'alimentation et de consommation

« L'Avenir social, » société fondée en 1867. Administration : rue du Cygne, 5.

« La Dionysienne, » (Boulangerie), fondée en 1888. Siège social (Gymnase communal), rue Jannot 23.

« L'Union des ménagères, » société fondée en 1886. Siège social : rue de la Charronnerie, 8.

« La Famille, » société fondée en 1888. Siège social : avenue de Paris, 136 (Plaine Saint-Denis).

« L'Union des Familles, » société fondée en 1884. Siège social : route de la Révolte 126.

« L'Espérance, » société fondée en 1882. Siège social : place du Marché.

« La Cuisine des Corroyeurs, » société fondée en 1867. Siège social : rue Compoise, 62.

« Les Persévérants (ex-l'Ancienne), société fondée en 1888. Siège social : rue Brise-Echalas, 10.

« Le Castor, » société fondée en 1882. Siège social : route de la Révolte, 150.

Colombophiles

« La Poste aérienne, » société fondée en 1882. Siège social : place aux Gueldres, 9.

« La Colombophile de Saint-Denis, » société fondée en 1880. Siège social : rue de la Boulangerie, 2

Syndicats

« Les Chauffeurs mécaniciens de Saint-Denis, » syndicat fondé en 1885. Siège social : rue Compoise, 72.

Groupes politiques

« La Libre pensée de 1870. »
« Les amis du Progrès dans la Libre pensée. »
« Les Radicaux socialistes. »
« Le Réveil social. »
« Le Parti ouvrier. »
« La Jeunesse libertaire. »

Religieuses

« Saint-Vincent de Paul, » S'adresser à M. le Curé de la paroisse de Saint-Denis.

« Œuvre de Sainte-Geneviève ».

Cette société a pour but de venir en aide aux familles nécessiteuses de Saint-Denis.

S'adresser aux Dames patronnesses de l'œuvre ou à M. le Curé de la Paroisse de Saint-Denis.

BANQUE DE FRANCE

Succursale

Rue Compoise, 58

Le *bureau* est ouvert tous les jours de 9 h. du matin à 4 h. du soir.

Pour la monnaie, jusqu'à 3 h. du soir.

Les échéances ont lieu tous les cinq jours.

Ouvert pour la grande échéance du 15 jusqu'à 5 h. du soir.

Ouvert pour l'échéance du 31 jusqu'à 6 h. du soir.

SOCIETÉ GÉNÉRALE

POUR FAVORISER LE DÉVELOPPEMENT DU COMMERCE ET DE L'INDUSTRIE EN FRANCE

Société anonyme. — Capital : 120 millions.
Siège social : rue de Provence, 54 et 56 (Paris).
SUCCURSALE : Rue de Paris, 70, à Saint-Denis.

Les bureaux sont ouverts tous les jours de 9 heures du matin à 5 heures du soir, excepté les dimanches et jours de fêtes.

CAISSE D'ESCOMPTE

Rue Francklin, 8, à Saint-Denis

Les bureaux sont ouverts au public de 9 heures du matin à 5 heures du soir.

Escompte, recouvrements et encaissements de valeur à ordre, factures, reçus et autres.

Prêts sur titres, sur valeurs cotées en bourse et en banque (mêmes numéros rendus).

Ordres de bourse et paiement de coupons.

La caisse d'escompte de Saint-Denis reçoit les dépôts de fonds aux conditions suivantes :

A 1 mois de pré-avis............	2 0/0 l'an
A 2 —	3 —
A 3 —	4 —
A 6 —	5 —
Un an et au-dessus............	5 1/2 —

COMPAGNIE DES EAUX

Siège de la Société : rue d'Anjou-Saint-Honoré, 52, Paris

BUREAU DE L'EXPLOITATION DE LA BANLIEUE DE PARIS

5, Place aux Gueldres (Saint-Denis)

Tarif des abonnements :

60 litres par 24 heures	....	20 fr. par an
125 litres —	....	36 fr. —
250 litres —	....	65 fr. —
500 litres —	....	110 fr. —
750 litres —	....	150 fr. —
1.000 litres —	....	180 fr. —

Et pour les quantités excédant 1,000 litres, à raison de 3 centimes l'hectolitre.

Avis

Les abonnements partent des 1er janvier, 1er avril, 1er juillet et 1er octobre de chaque année. La durée minimum est d'une année.

L'eau est livrée, soit par écoulement continu, soit dans l'espace de temps que la Compagnie générale des eaux le juge convenable, pourvu qu'à la fin de chaque jour, composé de 24 heures, le volume d'eau concédé soit fourni.

Les eaux sont livrées au moyen d'un branchement qui vient se raccorder à la conduite principale la plus rapprochée de la propriété.

Les fournitures pour l'établissement et l'entretien des objets nécessaires pour livrer les eaux aux concessionnaires sont faites par la Compagnie des eaux, mais les travaux d'établissement et d'entretien qui sont exécutés ensuite par les ouvriers de la Compagnie sont aux frais du concessionnaire, qui en devra le remboursement immédiat, conformément aux dispositions prescrites et aux prix réglés d'après le tarif spécial de la Compagnie.

La fourniture comprend le tuyau de conduite de l'embranchement jusqu'au réservoir, les robinets de jauge et d'arrêt, la bouche à clef, les tampons, etc., enfin les accessoires, ainsi que leur remplacement lorsqu'il y a lieu.

Le concessionnaire ne peut s'opposer ni à l'exécution des travaux d'entretien, ni à la réparation et au remplacement du robinet de jauge et d'arrêt, de la bouche à clef, etc, lorsqu'ils sont reconnus nécessaires par la Compagnie.

Le concessionnaire ne peut faire aucun changement de tuyaux de conduite ou autres sans en prévenir la Compagnie sous peine de rétablir les choses dans leur état primitif et d'une indemnité égale à trois années d'abonnement de la quantité d'eau dont il sera en jouissance.

Il lui est expressément interdit de céder les eaux même du trop plein de sa concession, en faveur de toute autre personne que ses locataires habitant la maison, sous peine d'une indemnité comme ci-dessus.

Le concessionnaire est seul exclusivement responsable, envers les tiers, des dommages auxquels sa conduite particulière peut donner lieu.

Le concessionnaire ne peut prétendre à aucune retenue sur le prix de sa concession, pour interruption momentanée de l'arrivée de l'eau dans son réservoir, occasionnée par suite de réparations à faire aux conduites générales, réservoirs ou pompes à feu, ou pour tout autre cause indépendante de la volonté de la Compagnie.

Néanmoins, si, par suite de travaux de réparation, cette interruption se prolongeait au-delà de cinq jours consécutifs, le concessionnaire aurait droit, à titre d'indemnité, à une retenue sur son prix, proportionnellement à la quantité de jours pendant lesquels il aura manqué d'eau, mais seulement à partir du sixième jour.

Les cas de force majeure, étant en dehors de toute précision, ne pourront ouvrir, en faveur du concessionnaire, de recours contre l'administration.

Le concessionnaire est prévenu que l'eau qui lui est fournie, n'étant pas filtrée, il est exposé à ce que la vase tenue en suspension dans l'eau bouche l'orifice de son robinet de jauge.

Il est constitué gardien de ce robinet : il doit le surveiller et dans le cas d'arrêt de l'eau, il doit prévenir l'administration dans un des bureaux établis pour cet objet, ou au siège social de la Compagnie.

Il est fait droit à ses réclamations dans les vingt-quatre heures.

Il ne peut prétendre à aucune retenue sur le prix de sa concession pour ces interruptions.

L'eau est livrée aussitôt que le payement des frais de premier établissement est effectué.

S'adresser : pour renseignements, fuites, abonnements, réclamations, etc., etc., au bureau de l'exploitation de la banlieue de Paris, place aux Gueldres, 5 (Saint-Denis).

M. l'inspecteur de la Compagnie des eaux est visible à son bureau, tous les jours de 7 à 8 heures du matin d'avril en octobre, et de 8 à 9 heures du matin d'octobre en avril.

Pompe. — Route départementale n° 20 de Paris à Epinay.

COMPAGNIE DU GAZ

Administration : rue Condorcet, 6, Paris

Usine de la Parisienne : route de Gonesse, 1, à St-Denis.

Bureau de la 24e section : rue de Paris, 111.

Gaz pour Saint-Denis, le mètre cube......	0.30
Entretien du robinet extérieur............	0.50
— branchement..................	0.10
Location du branchement.................	0.90
— compteur....................	0.75

Avis relatif à l'éclairage par le gaz et aux précautions à prendre dans son emploi

Pour que l'emploi du gaz n'offre aucun inconvénient, il importe que les brûleurs n'en laissent échapper aucune partie sans être consommée.

On obtiendra ce résultat, pour l'éclairage, en maintenant la flamme à une hauteur modérée (8 centimètres au plus), et en la contenant dans une cheminée en verre de 20 centimètres de hauteur.

Les lieux éclairés ou chauffés doivent être ventilés avec soin, même pendant l'interruption de la consommation, c'est-à-dire qu'il doit être pratiqué dans la partie supérieure, quelques ouvertures par lesquelles le gaz puisse s'échapper au dehors, en cas de fuite ou de non combustion.

Sans cette précaution, le gaz pourrait s'accumuler dans les appartements et occasionner de graves accidents.

Les robinets doivent être graissés de temps à autre intérieurement, afin d'en faciliter le service et d'en éviter l'oxydation.

Pour l'allumage, il est essentiel d'ouvrir d'abord le robinet principal et de présenter la lumière successivement à l'orifice de chaque bec, au moment même de l'ouverture de son robinet, afin d'éviter tout écoulement de gaz non brûlé.

Pour l'extinction, il convient de fermer d'abord chacun des brûleurs et ensuite le robinet principal intérieur. Ce robinet doit être fermé lors de l'extinction, même après la fermeture du robinet extérieur, pour que le lendemain, au moment de l'ouverture du robinet extérieur, le gaz ne s'échappe pas dans l'intérieur.

Dès qu'une odeur de gaz donne lieu de penser qu'il existe une fuite, il convient d'ouvrir les portes et les croisées pour établir un courant d'air, et de fermer les robinets intérieur et extérieur.

Il est nécessaire d'en donner avis simultanément au directeur du service municipal, au constructeur de l'appareil et à la Compagnie.

Le consommateur doit s'abstenir de rechercher lui-même la fuite avec du feu ou de la lumière.

Dans le cas où, soit par imprudence, soit accidentellement, une fuite de gaz aurait été enflammée, il conviendra pour l'éteindre de poser dessus un linge imbibé d'eau, et de fermer immédiatement le robinet.

Tous les branchements sont entretenus par la Compagnie moyennant une rétribution mensuelle de dix centimes (**Arrêté de M. le Préfet de la Seine, du 2 février 1861**).

S'adresser : pour les fuites, les abonnements, les réclamations, etc., etc., au bureau de la section, rue de Paris, 111 (Saint-Denis).

Tarif des cokes

Prix de l'hectolitre.	Gros coke, mesuré comble....	1.40
	Coke n° 1, mesuré ras.......	1.60
	Coke n° 0..................	1,80

Octroi de commune et frais de transport en sus.

Prix des transports par hectolitre.

La Briche, Fort de l'Est, Ile Saint-Denis : 0 fr. 15.

S'adresser pour les commandes de coke à M. le régisseur de l'usine à gaz de Saint-Denis, route de Gonesse, 1, à Saint-Denis.

POSTES ET TÉLÉGRAPHES

Rue Compoise, 59, à Saint-Denis

Caisse d'épargne postale.

Le bureau est ouvert au public de 7 heures du matin à 9 heures du soir, du 1er mars au 31 octobre.

Et de 8 heures du matin à 9 heures du soir, du 1er novembre au 28 février.

Heures de levées des boîtes aux lettres.

DÉSIGNATION DES BOITES	1re mat.	2e mat.	3e soir	4e soir
—	—	—	—	—
Rue de Paris, 144.	8 30	10 30	3 30	8 30
— 116.	8 35	10 35	3 35	8 35
— 92.	8 39	10 39	3 39	8 39
Rue de La Briche, 20.	8 41	10 41	3 41	8 41

DÉSIGNATION DES BOITES	1re mat.	2e mat.	3e soir	4e soir
Rue Saint-Remy, 18	8 50	10 50	3 50	8 50
Rue de La Briche, 42	8 51	10 51	3 51	8 51
Place Victor Hugo (Hôtel-de-Ville)	8 55	10 55	3 55	8 55
Maison de la Légion-d'Honneur	8 58	10 58	3 58	8 58
Place Lanne	9 02	11 02	4 02	9 02
Rue du Port, 44	9 05	11 05	4 05	9 05
Rue du Chemin-de-Fer, 21	9 08	11 08	4 08	9 08
Rue du Fort-de-l'Est (Hôpital)	9 08	11 08	4 08	9 08
Rue de Paris, 1	9 12	11 12	4 12	9 12
Rue Moreau, 12	9 13	11 13	4 13	9 13
Rue de Paris, 34	9 15	11 15	4 15	9 15
— 81	9 18	11 18	4 18	9 18
Rue du Square Thiers, 2	9 05	11 05	4 05	9 05
(1) Route de Gonesse, 17				
(1) Angle du boulevard Ornano, 134				

(1) Les levées de ces deux boîtes ne sont faites que lorsque le facteur fait les distributions des lettres dans ces quartiers.

Rue Compoise, 59. Dernières levées pour le départ des courriers	9 30	11 30	4 30	9 30

La quatrième levée des boîtes n'est pas faite les dimanches et fêtes.

Heures de distributions des lettres.

Première distribution	....	8 h. » du matin.
Deuxième —	....	Midi 15 du soir.
Troisième —	....	1 h. 45 —
Quatrième —	....	7 h. » —

BUREAU DE LA PLAINE SAINT-DENIS

AVENUE DE PARIS, 141.

Heures de levées des boîtes aux lettres.

DÉSIGNATION DES BOITES	1re mat.	2e mat.	3e soir
Avenue de Paris, 67	de	de	
— 158	8 30	midi	à
— 220	à	à	1 h. 30
Bureau : avenue de Paris, 141	9 h.	midi 30	

Une quatrième levée (dite *supplémentaire*), pour les lettres seulement, est faite aux boîtes ci-après :

Avenue de Paris, 67	4 h. »	du soir.
Idem 158	4 h. 10	—
Idem 220	4 h. 15	—
Bureau, avenue de Paris, 141 ..	4 h. 40	—

Heures de distributions des lettres.

Première distribution	7 h. 45	du matin.
Deuxième —	11 h. 30	—
Troisième —	1 h. »	du soir.
Quatrième —	6 h. 45	—

Valeurs mises à la disposition du Public dans tous les Bureaux de poste.

1° *Timbres-poste* à 1 c., 2 c., 3 c., 4 c., 5 c., 10 c., 15 c., 20 c., 25 c., 30 c. (35 c. à l'usage des bureaux de Paris seulement), 40 c., 75 c., 1 fr. et 5 fr. (l'emploi sciemment fait d'un timbre-poste ayant déjà servi constitue un délit passible d'une amende de 50 à 1,000 fr.). — 2° *Cartes postales* à 10 c. (carte simple), à 20 c. (carte avec réponse payée). — 3° *Cartes-lettres :* pour la France, 15 c.; pour l'étranger, 25 c. — 4° *Enveloppes timbrées :* pour lettres (3 formats) à 16 c., pour cartes de visite à 5 c. 1/2. — 5° *Bandes timbrées* à 1 c. 1/3, 2 c. 1/3 et 3 c. 1/3.

Nota. — Les cartes postales, les cartes-lettres et les enveloppes timbrées qui n'ont pas servi, mises hors d'usage, sont échangées contre des timbres-poste.

Taxe des lettres.

Lettres ordinaires. — La taxe des lettres affranchies est fixée à 15 centimes par 15 grammes ou fraction de 15 grammes.

La taxe des lettres non affranchies est fixée à 30 centimes par 15 grammes ou fraction de 15 grammes.

Lettres recommandées. — Droit fixe, 25 cent. en sus du port de la lettre.

Lettres chargées. — Droit fixe : 25 cent. en sus du port de la lettre, plus 10 cent. par 100 fr. ou fraction de 100 fr. des valeurs déclarées.

SERVICE INTERIEUR

(France, Corse, Algérie et bureaux français en Tunisie).

LETTRES ORDINAIRES

TARIF DE 15 EN 15 GRAMMES DES

Lettres affranchies	Lettres non affranchies	Lettres insuffisamt affranchies
15 centimes	30 centimes	*

* Les lettres insuffisamment affranchies sont taxées comme non affranchies, sauf déduction de la valeur des timbres-poste employés.

Définition. — Le tarif des lettres s'applique à tous les objets manuscrits ou non présentant le caractère de correspondance actuelle et personnelle, ainsi qu'à tous ceux qui, pour une raison quelconque, sont passibles de la taxe applicable aux lettres proprement dites. Sont passibles de la taxe des lettres les *cartes à jouer*, les *billets de loterie*, les *échantillons insérés ou attachés à des lettres*, les *devoirs corrigés* contenant les corrections consistant en observations à l'élève, les *timbres-postes oblitérés*, les *propositions d'assurances*, etc.

Interdictions. — Il est interdit d'insérer dans les lettres ordinaires des billets de banque, bons, chèques, bons de poste sans désignation de destinataire, coupons de dividende ou d'intérêts payables au porteur, des pièces de monnaie, des matières d'or et d'argent, des bijoux ou objets précieux (amende de 50 à 500 fr.).

Lettres de et pour les armées. — Les lettres adressées de la France ou de l'Algérie aux *militaires* et *marins de tous grades*, soit dans les colonies, soit à bord des bâtiments de l'Etat stationnant dans les ports étrangers, et réciproquement, ne supportent que la taxe territoriale, lorsqu'elles sont transportées exclusivement par des services français ou apportées en France ou en Algérie par des bâtiments de l'Etat. — La *franchise* est accordée, par la voie française exclusivement, aux lettres ordinaires simples provenant ou à l'adresse des militaires et marins en campagne.

Rectification des adresses ou retrait des Correspondances confiées à la Poste. — L'*Expéditeur* d'un objet confié à la poste a le droit d'en réclamer le retrait et la remise entre ses mains tant que cet objet n'a pas été délivré au destinataire. Lorsque la réclamation se produit après la fermeture des dépêches, elle est transmise au bureau de destination par l'intermédiaire du receveur du bureau d'origine, au gré et aux frais de l'expéditeur, par voie postale ou par voie télégraphique.

CHARGEMENTS ET RECOMMANDATIONS

(Dépôt au guichet des bureaux)

TARIF DES		TARIF DES	
Lettres chargées (maximum de la déclaration: 10,000 fr.	Boîtes chargées (Déclaration 50 fr. au moins, 10,000 fr. au plus)	Lettres recommandées.	Autres objets recommandés.
1° 15 c. par 15 gr.; 2° 25 c. droit fixe; 3° 10 c. par 100 fr. ou fraction de 100 fr. déclarés. Avis de réception (facultatif) 10 c.	1° 25 c. droit fixe; 2° Taxe de 1 0/0 de la valeur déclarée jusqu'à 100 fr., et de 50 c. par chaque 100 fr. ou fraction de 100 fr. en plus. Avis de réception (facultatif) 10 c.	1° 15 c. par 15 gr. 2° 25 c. droit fixe. Avis de réception (facultatif) 10 cent.	1° Taxe particulières à chaque objet. 2° 25 c. droit fixe Avis de réception (facultatif) 10 c.

Objets chargés. — Le chargement s'applique : 1° aux lettres renfermant des valeurs déclarées (billets de banque, chèques, bons de poste sans nom de destinataire, bons, coupons de dividende ou d'intérêts échus payables au porteur);

2° aux boîtes renfermant des bijoux ou objets précieux de petite dimension.

Les lettres chargées doivent être placées sous enveloppe scellée de cachets en cire fine de bonne qualité et de même couleur avec empreinte uniforme particulière à l'expéditeur. Sont exclues les empreintes banales, et notamment celles obtenues au moyen d'une pièce de monnaie ou d'un dé à coudre. — Le nombre de cachets doit être de *deux* au moins; il peut aller jusqu'à *cinq* et *au-delà*, si le préposé juge que la forme ou la dimension de l'enveloppe rend ce nombre nécessaire pour retenir tous les plis. Les timbres-poste apposés sur les lettres chargées doivent être espacés les uns des autres et ne peuvent être repliés sur les deux côtés de l'enveloppe.

La déclaration doit être portée d'avance sur la partie supérieure de la suscription, en toutes lettres et en francs et centimes, sans rature ni surcharge, même approuvée.

Les boîtes chargées doivent être présentées closes d'avance; leurs parois doivent avoir une épaisseur d'au moins 8 millimètres et leurs dimensions peuvent atteindre 10 centimètres uniformément en tous sens. Le poids n'en est pas limité. — *Conditionnement :* 1° Feuille de papier blanc dessus et dessous y adhérant fortement; 2° croisé de ficelle; 3° cachets en cire fine avec empreinte uniforme particulière à l'expéditeur sur les quatres faces latérales; 4° nœud de la ficelle pris sous un des cachets; 5° montant de la déclaration portée d'avance sur l'adresse en toutes lettres et en francs et centimes, sans rature ni surcharge, même approuvée.

Sauf le cas de force majeure, en cas de perte d'une lettre ou d'une boîte chargée, la valeur déclarée est remboursée.

Objets recommandés. — La recommandation s'applique aux lettres expédiées sans déclaration de valeurs, ainsi qu'à tous les objets rentrant dans le monopole de la poste, ou dont le transport peut lui être confié en vertu des lois en vigueur. — Les lettres et autres objets recommandés ne sont soumis à aucune condition spéciale de fermeture ou de forme. Ils peuvent être conditionnés de la même manière que les correspondances non recommandées de la catégorie à laquelle ils appartiennent.

L'Administration est déchargée, en ce qui concerne les lettres, par leur remise contre reçu au destinataire ou à son fondé de pouvoirs; en ce qui concerne les autres objets, par leur remise contre reçu soit au destinataire, soit à une personne attachée au service du destinataire ou demeurant avec lui. La perte, sauf le cas de force majeure, donne seule droit, au profit du destinataire, à une indemnité de 25 fr.

Il est permis d'insérer des valeurs payables au porteur dans les lettres recommandées, sans en faire la déclaration.

TARIF des Objets expédiés à prix réduits.

1° *Journaux et Ouvrages périodiques paraissant au moins une fois par trimestre.* (*Maximum* du poids : 3 kilos.)

Expédiés hors du département où est le lieu de publication ou hors des départements limitrophes.	Publiés ex expédiés dans dans le département où est le lieu de publication ou dans les départements limitrophes.	Publiés et expédiés dans les départements de la Seine ou de Seine-et-Oise.
Prix par exemplaire : 2 cent. jusqu'à 25 gr. avec augmentation de 1 cent. par 25 gr. ou fraction de 25 gr.	Prix par exemplaire : 1 cent. jusqu'à 50 gr. Au-dessus de 50 gr. la taxe est de 1/2 c. par 25 gr. ou fraction he 25 gr.	Prix par exemplaire : 1 cent. jusqu'à 25 gr. avec augmentation de 1/2 cent. par 25 gr. ou fraction de 25 gr.

2° *Imprimés de toute nature.*

Sous bandes mobiles couvrant au plus le tiers de la surface du paquet (1).	Sous forme de lettre ouverte ou sous enveloppe ouverte et cartes circulaire sans bandes.
Prix par paquet : 1 cent. par 5 gr. jusqu'à 20 gr.; 5 cent. au-dessus de 20 gr., jusqu'à 50 gr.; au-dessus de 50 gr., 5 cent. par 50 gr. ou fraction de 50 gr.	Prix par paquet portant une adresse particulière : 5 cent. par 50 gr. ou fraction de 50 gr.

(1) Cette dernière disposition ne s'étend pas aux imprimés ni aux cartes de visites expédiés sous des bandes timbrées vendues par l'Administration.

Maximum	du poids..................	3 kilos.
	de la dimension...........	45 centimètres.

3° *Échantillons avec ou sans imprimés. — Épreuves d'imprimerie corrigées. — Papiers de commerce ou d'affaires.*

Prix par paquet portant une adresse particulière......	5 cent. par 50 gr. ou fraction de 50 gr.	
Maximum du poids.........	des échantillons.....	350 gr.
	des papiers d'aff., etc..	3 kilos.
Maximum de la dimension..	des échantillons ordinaires...........	30 c/m.
	des échantillons sur cartes et des papiers d'affaires, etc......	45 c/m.

Non affranchissement ou insuffisance d'affranchissement. — Lorsqu'ils n'ont pas été affranchis, les objets à prix réduits sont taxés comme lettres; si l'affranchissement est insuffisant, ils sont frappés en sus d'une taxe égale au triple de l'insuffisance.

Interdictions. — Les objets affranchis à prix réduits ne doivent contenir ni or, ni argent, ni notes manuscrites ayant le caractère de correspondance personnelle.

Additions autorisées moyennant un port supplémentaire de 10 centimes. — Est autorisée : 1° l'addition manuscrite sur les livres, brochures, photographies, gravures, papiers de musique, et généralement sur toutes les productions littéraires ou artistiques, imprimées, gravées et lithographiées, *de l'offre ou de l'hommage de personnes autres que l'auteur;* 2° l'addition, soit sur les papiers de commerce ou d'affaires, épreuves d'imprimerie corrigées ou échantillons, soit sur les fiches ou étiquettes qui accompagnent ces papiers, épreuves ou échantillons, d'annotations imprimées ou manuscrites, ayant le caractère de correspondance personnelle, à l'exclusion de toutes autres notes détachées.

Additions autorisées sans port supplémentaire. — Sur les journaux · 1° Traits destinés à marquer les passages sur lesquels on veut attirer l'attention; 2° réflexions ou critiques écrites à la main, concernant l'article en regard et dépourvues de tout caractère de correspondance personnelle; 3° chiffres ou mots écrits à la main et dépourvus de tout caractère de correspondance personnelle complétant des journaux dont une partie du texte, consacrée à des prix courants ou à des cours de vente, est laissée en blanc. — *Sur certains imprimés et sur les circulaires :* Chiffres ou mots reproduits sur tous les exemplaires et n'ayant aucun caractère de correspondance personnelle. — *Sur les prix courants et mercuriales :* Chiffres destinés à indiquer le prix, ainsi que les mentions : franco de port, en port dû, escompte... 0/0, remise .., ou expressions équivalentes. — *Sur les livres, brochures et en général sur toutes les productions littéraires et artistiques :* Dédicace manuscrite consistant en un simple hommage de l'auteur. — *Sur les lettres de faire part et de convocation :* les nom, prénoms, qualité ou profession et âge du défunt, la date du décès, le jour, l'heure et le lieu de réunion. — *Sur les imprimés de convocation à une réunion :* Les indications relatives au jour, à l'heure, au lieu et à l'objet de la réunion. — *Sur les avis de passage d'un voyageur :* Nom du voyageur, localités qu'il doit visiter, dates et endroits où il descend. — *Sur les formules imprimées annonçant la mise en adjudication de fournitures :* Date de l'adjudication, désignation des fournitures, délais pour le rabais, chiffres du cautionnement. — *Sur les formules imprimées pour annoncer les arrivés ou les départs des navires :* Nom du bâtiment, date de l'arrivée ou du départ et la nature du chargement. — *Sur les catalogues, prix courants et mercuriales de marchés imprimés :* Indications du poids, mesures ou quantités, et des indications d'articles ou objets autres que ceux énumérés dans le texte imprimé des formules. — *Sur les cartes de visite :* La mention « P. P. C. ». — *Sur les échantillons :* L'indication du nom ou de la raison sociale de l'envoyeur, son adresse, des numéros d'ordre et des prix, ainsi que toutes les indications imprimées ou même manuscrites y relatives et n'ayant aucun caractère de correspondance personnelle. — *Sur les épreuves d'imprimerie corrigées :* Les mots « bon à tirer, bon à tirer après correction » ou encore « fournir une nouvelle épreuve. »

ETRANGER

Tarifs des Correspondances à destination des Pays compris dans *l'Union postale universelle.*

Lettres ordinaires, 25 centimes par 15 grammes.

Cartes postales simples, 10 centimes.

Cartes avec réponse payée, 20 centimes.

Papiers d'affaires, 25 cent. jusqu'à 250 gr.; au-dessus de 250 gr., 5 cent. par 50 gr. ou fraction de 50 gr.

Echantillons, 10 cent. jusqu'à 100 gr.· au-dessus de 100 gr , 5 cent. par 50 gr. ou fraction de 50 gr.

Journaux et autres Imprimés, 5 cent. par 50 gr.

Correspondances de toute nature recommandées, droit fixe de 25 cent. en sus de la taxe applicable à un objet affranchi de même nature et du même poids.

Avis de réception des Objets recommandés. — Droit fixe de 10 centimes.

ARTICLES D'ARGENT.

Mandats ordinaires. — Le service des articles d'argent est fait moyennant un droit de 1 franc p. 100 de la somme versée. — Le versement de sommes à titre d'articles d'argent est illimité. — Les mandats de 300 fr. et au-dessous sont payables à vue. — L'Administration se réserve un délai de huit jours pour payer les mandats ordinaires ou mandats-cartes au-dessus de 300 fr.

Mandats-cartes. — Les mandats-cartes ou mandats à découvert, admis seulement pour les envois d'argent à l'intérieur de la France et de l'Algérie, sont libellés à l'avance par l'envoyeur. Ces mandats ne doivent contenir aucune annotation tenant lieu de correspondance.

Bons de poste de sommes fixes. — Tous les bureaux de poste délivrent des bons de 1 fr. (droit 5 c.), 2 fr. (droit 5 c.), 5 fr. (droit 5 c.), 10 fr. (droit 10 c.), 20 fr. (droit 20 c.).

Avis de payement. — L'expéditeur d'un mandat ordinaire, d'un mandat-carte ou d'un bon de poste, peut demander, au moment du dépôt des fonds, qu'il lui soit donné avis de la date du payement moyennant un droit fixe de 10 c.

Mandats télégraphiques. — Montant maximum : 5,000 fr. — Taxes à percevoir : 1° droit de 1 p. 100; 2° taxe télégraphique ordinaire; 3° droit fixe de 50 c. pour l'avis à remettre au destinataire; 4° frais accessoires de la taxe télégraphique pour la remise à domicile, s'il y a lieu.

Mandats étrangers.	MAXIMUM	A payer par l'expéditeur
Bureaux français admis à l'étranger. .	(1)	1 fr. 0/0.
Colonies françaises.	500 »	1 fr. 0/0 avec minimum de 25 c.
Japon.	250 »	
Grande-Bretagne	252 »	10 c. par 10 fr. ou fraction de 10 fr.
Canada.	262 50	
Inde britannique	500 »	
Perse.	500 »	20 c. par 10 fr. ou fraction de 10 fr.
Allemagne (y compris Héligoland) T, Autriche-Hongrie T, Belgique T, Bulgarie, Danemark (y compris l'Islande et les îles Feroë) T, Egypte (office égyptien), Italie T, Luxembourg T, Norwége T, Roumanie, Suède et Suisse T.	500 »	25 c. par 25 fr. ou fraction de 25 fr.
Antilles danoises, Pays-Bas T et Portugal T.	504 »	
Indes orientales néerlandaises.	315 »	20 c. par 10 fr. ou fraction de 10 fr.
États-Unis de l'Amérique du Nord . . .	262 50	15 c. par 10 fr.

Caisse nationale d'épargne (Loi du 9 avril 1881).

Tous les bureaux de poste de France, d'Algérie et de Tunisie, sont ouverts au service de la caisse nationale d'épargne. Le service de cette caisse fonctionne également à bord de chacun des bâtiments de l'Etat et aux bureaux français d'Alexandrie, de Port-Saïd (Egypte) et de Tanger (Maroc). Cette caisse, placée sous la garantie de l'Etat,

(1) 500 fr. pour les mandats à destidation d'Alexandrie, Beyrouth, Constantinople, Tanger, Salonique, Smyrne et Shangaï, et 50 fr. pour ceux adressés à Port-Saïd, Constantinople, Galata, Suez, Jaffa, Mersina, Rhodes, Tripoli de Syrie et Tripoli de Barbarie.

donne à toute personne la faculté de placer le produit de ses économies dans des conditions de sécurité absolue. — Minimum de chaque versement : 1 fr. — Le compte de chaque personne ne peut dépasser 2,000 fr. — Les sommes déposées produisent un intérêt annuel de 3 p. 100. Cet intérêt part du 1er ou du 16 de chaque mois qui suit le jour du versement. — Après le premier versement, il est remis gratuitement à l'intéressé un Livret national. — Les *versements ultérieurs* sont constatés au moyen de timbres-épargne; les livrets sont rendus aux déposants séance tenante. — Les agents des postes sont tenus de donner au public tous les renseignements sur le service de cette caisse.

Recouvrement des Effets de commerce.

La poste se charge du recouvrement des effets de commerce, protestables ou non, dont la valeur ne dépasse pas 2,000 fr. Un droit de 25 c. est perçu pour l'envoi, quel qu'en soit le nombre, des valeurs à recouvrer au bureau dans l'arrondissement postal duquel résident les destinataires. Ces valeurs, placées dans des enveloppes fournies gratuitement par l'Administration, sont déposées aux guichets des bureaux pour être soumises à la formalité de la recommandation. — Sur le montant de *chaque valeur recouvrée,* qui est expédié par mandat poste, il est prélevé : 1° 10 c. par 20 fr. ou fraction de 20 fr., sans que ce prélèvement puisse jamais dépasser 50 c.; 2° 1 p. 100 sur les premiers 50 fr. et 1/2 p. 100 pour toute fraction excédant 50 fr. — Les valeurs protestables de et pour la France et l'Algérie sont admises au recouvrement.

La poste se charge également du recouvrement des valeurs de toute nature dans les pays étrangers suivants : Allemagne, Autriche-Hongrie, Belgique, Égypte, Italie, Luxembourg, Pays-Bas, Portugal, Roumanie, Suède et Suisse. — Les valeurs protestables ne sont admises au recouvrement par la poste que dans les rapports avec l'Allemagne, la Belgique, le Luxembourg et la Suisse.

Abonnements aux Journaux et Publications périodiques

Des abonnements aux journaux et publications périodiques sont reçus moyennant un droit de 1 p. 100, prélevé sur le prix de l'abonnement, plus un droit fixe de 10 centimes.

Tous les bureaux de poste reçoivent également des abonnements aux journaux publiés dans les pays suivants : Belgique, Danemark, Italie, Norwège, Pays-Bas, Portugal, Suède et Suisse, moyennant un droit de commission de 1 p. 100 avec minimum de 25 c. pour les sept premiers pays et de 50 c. pour la Suisse.

Colis postaux.

Le public est admis à expédier de toutes les gares ou agences et des bureaux succursales des chemins de fer des colis postaux circulant en France (Corse, Algérie et Tunisie comprises) et entre la France et les pays suivants : Allemagne, République argentine, Autriche-Hongrie, Belgique, Brésil, Bulgarie, Chili, Danemark, Antilles danoises, République dominicaine, Egypte, Espagne, Colonies françaises, Grèce, Italie, Luxembourg, Monténégro, Paraguay, Pays-Bas, Perse, Portugal, Colonies portugaises, Serbie, Suède, Norwège, Suisse, Tripoli de Barbarie, Turquie, Uruguay et Vénézuéla.

L'affranchissement obligatoire au départ est fixé à 60 ou 85 centimes pour la France, suivant que le colis est livrable en gare ou à domicile.

L'expéditeur d'un colis postal peut obtenir un *avis de réception* de cet envoi en payant d'avance un droit fixe de 25 centimes.

Observations. — Les heures des levées de boites ainsi que celles de la distribution des correspondances étant sujettes à varier, le public est invité à consulter à cet égard les tableaux indicateurs de l'organisation du service, placés à la porte de chaque bureau.

Il est défendu aux facteurs de monter dans les maisons à moins qu'ils n'aient à remettre des objets chargés. Ils livrent les lettres ordinaires aux concierges des maisons ou appellent et attendent qu'on vienne.

Les communications relatives au personnel des postes et télégraphes, à l'organisation et aux réclamations doivent être adressées au directeur des postes et télégraphes du département. Les demandes de changement de direction à donner aux lettres doivent être faites aux receveurs.

NOTIONS SUR LE SERVICE TÉLÉGRAPHIQUE

Dispositions générales

Toute personne dont l'identité est établie peut correspondre au moyen du télégraphe électrique de l'Etat, par l'entremise de l'Administration télégraphique (art. 3).

L'État n'est soumis à aucune responsabilité à raison du service de la correspondnnce privée par la voie télégraphique (art. 4).

Dépôt des télégrammes. — Taxe des reçus

Les télégrammes sont reçus au guichet des bureaux. Il n'en est délivré de récépissé que sur la demande expresse de l'expéditeur et moyennant le payement de 10 c. par télégramme intérieur ou international (art. 8 et 14).

Libellé des télégrammes simples ou ordinaires.

Les télégrammes doivent être écrits lisiblement et en caractères usités en France (alphabet romain, chiffres romains ou arabes). Tout interligne, renvoi, rature ou surcharge doit être approuvé. Ils doivent être composés dans l'ordre suivant :

1° *L'adresse*. — Ses éléments essentiels sont : (*a*) le nom du destinataire écrit en toutes lettres, accompagné ou suivi, le cas échéant, de telle indication nécessaire pour distinguer le véritable destinataire de ses homonymes ; pour les télégrammes à destination des grandes villes on doit, autant que possible, faire suivre le nom du destinataire de sa qualité ou profession, ou bien du nom de la rue et du numéro de l'habitation ; — (*b*) l'indication précise du lieu d'arrivée, sans confusion possible.

Si le lieu d'arrivée est pourvu d'un bureau télégraphique, il doit être désigné sous la dénomination qu'il porte dans la nomenclature. Lorsque cette dénomination est commune à plusieurs localités, on doit la compléter par l'indication du pays ou du département.

Si le lieu d'arrivée n'est pas pourvu d'un bureau télégraphique, il est nécessaire de le désigner assez clairement pour prévenir toute confiance, en le complétant par la désignation de la commune ou du canton, lorsqu'il s'agit, par exemple, d'un hameau, d'un château ou d'une habitation isolée.

A la suite du lieu d'arrivée ainsi désigné, *on doit toujours écrire le nom du bureau télégraphique destinataire et prendre en outre le soin de faire préciser le mode d'envoi (poste ou exprès payé).* Si l'expéditeur se refuse à cette addition, il doit attester son refus par écrit sur l'original (art. 23).

2° *Le texte.* — Le texte est rédigé en *langage clair*, *convenu* ou *chiffré.* (Dans le service international, les télégrammes sans texte peuvent être admis).

Les télégrammes en langage clair sont ceux qui offrent un sens compréhensible en l'une quelconque des 33 langues admises pour la correspondance internation. et pour ce qui concerne les relations intérieures exclusivement, en langue provençale, bretonne et basque.

Les télégrammes ne sont pas considérés comme rédigés en langage clair, s'ils renferment des mots isolés ou des suites de mots dénaturés ou détournés de leur signification habituelle.

Les séries de mots, de chiffres ou de lettres réunis de manière à former un sens intelligible, constituent un langage clair.

Les langues admises pour la correspondance internationale en langage clair sont : le français, l'anglais, l'allemand, l'arabe, l'arménien, le bohême, le bulgare, le croate, le danois, l'espagnol, le flamand, le grec, l'hébreu, le hollandais, le hongrois, l'illyrique, l'italien, le japonais, le malais, le norwégien, le persan, le polonais, le portugais, le roumain, le routhène, le russe, le serbe, le siamois, le slovaque, le slovène, le suédois, le turc et le latin. Le provençal, le basque et le breton sont en outre admis pour la correspondance intérieure.

Dans tous les cas, les télégrammes doivent être écrits en caractères romains, quelle que soit la langue employée.

Lorsqu'ils sont destinés au service intérieur et qu'ils ne sont pas rédigés en français, l'expéditeur peut être tenu d'en donner la traduction par écrit (art. 29 et 30).

Les télégrammes en *langage convenu* sont composés de mots qui, tout en présentant chacun un sens intrinsèque, ne forment point des phrases compréhensibles. Les noms propres ne sont admis dans la rédaction des télégrammes en langage convenu qu'avec leur signification en langage clair. *Dans le service intérieur* les mots doivent être puisés dans l'une des 33 langues admises pour la correspondance en langage clair, et tous les mots d'un télégramme doivent appartenir à la même langue.

Dans le régime international, les télégrammes en langage convenu ne peuvent contenir que des mots de dix caractères au plus, appartenant aux langues allemande, anglaise, espagnole, française, italienne, néerlandaise, portugaise et latine. Tout télégramme peut contenir des mots puisés dans toutes les langues sus-mentionnées.

Sont considérés comme télégrammes en *langage chiffré* : ceux qui contiennent un texte chiffré ou en lettres ayant une significatien secrète ; ceux qui renferment soit des séries ou des groupes de chiffres ou de lettres, dont la signification ne serait pas connue du bureau d'origine, soit des mots, des noms ou des assemblages de lettres ne remplissant pas les conditions exigées pour le langage clair ou convenu.

Le texte des télégrammes en langage secret peut être soit entièrement secret, soit en partie secret et en partie clair. Dans ce dernier cas, les passages secrets doivent être placés entre deux parenthèses, les séparant du texte en langage clair qui précède ou qui suit.

Le texte chiffré doit être composé exclusivement de lettres de l'alphabet ou exclusivement de chiffres arabes (art. 31).

Le *langage secret* qui comprend les télégrammes rédigés en langage convenu et les télégrammes rédigés en langage chiffré, est admis pour les correspondances à destination de la France et de l'Algérie et pour la correspondance internationale avec les pays dénommés à l'art. 31 de l'Instruction T.

3° *La signature.* — Pour la correspondance intérieure, tout télégramme doit être signé par l'expéditeur.

Pour la correspondance internationale, la signature peut revêtir la forme abrégée ou être omise.

Mais l'expéditeur de tout télégramme intérieur ou international est tenu d'indiquer, au bas de la minute, son nom et son domicile.

Cette dernière indication n'est comptée et taxée que si l'expiditeur en a demandé la transmission (art. 32 et 37).

Libellé des télégrammes spéciaux.

(Voir le tableau ci-contre).

Les télégrammes *spéciaux* sont ceux qui comportent une rédaction spéciale, à raison soit de leur objet même, ou bien de leur mode de remise, soit des recommandations particulières ou des précautions qui les entourent ou du but qu'ils ont en vue.

Les télégrammes *spéciaux* se distinguent des télégrammes *simples* ou *ordinaires* par certaines formules qui prennent le nom *d'indications éventuelles* et qui doivent prendre place immédiatement avant l'adresse, place obligatoire où l'expéditeur est tenu de les écrire.

Par suite le libellé des télégrammes spéciaux comporte nécessairement et successivement:

1° En tête, les indications éventuelles, 2° l'adresse, 3° le texte, 4° la signature, 5° l'adresse de l'expéditeur.

Les indications éventuelles peuvent être libellées soit *in extenso*, soit sous la forme abrégée mentionnée au tableau de la première page.

Dans ce cas, elles sont mises entre parenthèses et ne sont comptées chacune que pour un mot. Lorsqu'elles sont exprimées en langage ordinaire, elles doivent être écrites en français (art. 13).

Base de la taxe

La taxe s'applique par mot avec un minimum de 10 mots dans la correspondance intérieure et sans minimum dans la correspondance internationale (art. 37).

MODÈLES DE TÉLÉGRAMMES INTÉRIEURS

N° 1.

TÉLÉGRAMME ORDINAIRE

1 2
Blanchet, St-Jean-de-Liversay.

4 5 6 7
Renaud arrivera demain cinq heures.

8
Prévenir.

9
GRENIER.

Boulevard National, 5, Marseille.

TAXE : 9 mots.................. » 50

N° 2.

TÉLÉGRAMME ORDINAIRE
(Nombres en toutes lettres écrits des deux manières).

1 2 3 4 5
Roux, rue St-Louis, 7, Marseille.
6 7 8 9 10
Envoyez aujourd'hui vingt-quatre K.
11 12 13 14 15 16
mérinos n. 8, vingt-quatre kil. duvet
17 18 19 20 21 22 23
fin et deux cent quatre-vingts K. crin
24
neuf.

25
CLÉMOT.

Rue Sully, 11, Nantes.

TAXE : 25 mots.................. 1 25

N° 3.

TÉLÉGRAMME en langage chiffré
(Texte en partie secret et en partie clair)

1
(TR) (obligatoire)
2 3 4 5 6
Blanc, agent d'affaires, rue
7 8 9
Saint-Louis, 20, Marseille.
10 11 12 13 14-15
Pouvez-vous (125, 3207, 152301,
16 17 18 19
42, 01, 37456). Télégraphiez.

20
LEBAS.

Rue de Berlin, 2, Rennes.

TAXE :			
	20 mots.........	1 50	2 »
	Collat. (moitié de la taxe)..........	» 50	
	Accusé de récept.	» 50	

N° 4.

TÉLÉGRAMME avec réponse payée

1 2 1
Réponse payée ou **(RP)**
3 4 5 6
Blanchard, rue de Provence, 84,
7
Paris.
8 9 10 11 12
Pouvez-vous me recevoir lundi?
13 14 15
Quelle heure? Réponse.

16
MARTIN.

Hôtel de France, Saint-Brieuc.

TAXE :			
	16 mots.........	» 80	1 30
	Réponse payée..	» 50	

Compte des mots

Sauf les signes de ponctuation, traits d'union, apostrophes, guillemets, parenthèses, alinéas, et pour la correspondance internationale, l'indication de la voie, tout ce que l'expéditeur écrit sur la minute du télégramme pour être transmis, y compris les *indications éventuelles* relatives aux télégrammes spéciaux, au mode d'envoi, etc., entre dans le compte des mots. — Le nom du bureau de départ, la date et l'heure du dépôt sont transmis d'office.

Le compte des mots s'établit de la manière suivante :

Dans le service intérieur : Pour les télégrammes en langage clair, toutes les expressions françaises, même composées, ne sont comptées qne pour un seul mot lorsqu'elles sont comprises au Dictionnaire de l'Académie. On doit aussi considérer comme ne formant qu'un seul mot, lorsqu'elles s'appliquent à un seul et même objet, les dénominations établies par actes officiels pour désigner les départements, les villes, communes, hameaux, bourgs, les rues, avenues, boulevards, quais, cours, places, passages, ruelles, carrefours, et les numéros des habitations, toutes les fois que les termes employés pour les indiquer sont écrits dans le langage usité en France.

Ces dénominations officielles, lors même qu'elles sont composées de plusieurs mots, peuvent être écrites en un seul mot.

Les noms propres de personnes, les titres, prénoms, particules ou qualifications, ainsi que les nombres écrits en toutes lettres peuvent, de même, être réunis en un seul mot, dont le maximum de longueur est alors fixé à quinze lettres. On compte pour *deux* mots toute expression ainsi formée et comprenant plus de quinze lettres.

En dehors de ces dénominations officielles et des catégories de mots énumérées dans l'alinéa précédent, toutes les réunions ou altérations de mots contraires à l'usage de la langue sont rigoureusement interdites.

En cas de doute, pour les locutions françaises, et, en règle générale, pour les télégrammes rédigés en langue étrangère ou en langage convenu, le maximum de longueur

TABLEAU DU PRIX D'UNE DÉPÊCHE DE 1 A 50 MOTS

NOMBRE DE MOTS	DÉPÊCHES De et pour la France (Corse comprise) ou de et pour l'Algérie et la Tunisie.					DÉPÊCHES De la France (Corse comprise) pour l'Algérie et la Tunisie et réciproquement				
	Dépêche ordinaire.	Dépêche avec reçu.	Avec rép. payée ou avec ac. de récept.	Dépêche collationnée.	Dépêche secrète ou recommandée.	Dépêche ordinaire.	Dépêche avec reçu.	Avec rép. payée ou avec ac. de récept.	Dépêche collationnée.	Dépêche secrète ou recommandée.
1 à 10	» 50	» 60	1 »	» 75	1 25	1 »	1 10	2 »	1 50	2 50
11	» 55	» 65	1 05	» 85	1 35	1 10	1 20	2 10	1 65	2 65
12	» 60	» 70	1 10	» 90	1 40	1 20	1 30	2 20	1 80	2 80
13	» 65	» 75	1 15	1 »	1 50	1 30	1 40	2 30	1 95	2 95
14	» 70	» 80	1 20	1 05	1 55	1 40	1 50	2 40	2 10	3 10
15	» 75	» 85	1 25	1 15	1 65	1 50	1 60	2 50	2 25	3 25
16	» 80	» 90	1 30	1 20	1 70	1 60	1 70	2 60	2 40	3 40
17	» 85	» 95	1 35	1 30	1 80	1 70	1 80	2 70	2 55	3 55
18	» 90	1 »	1 40	1 35	1 85	1 80	1 90	2 80	2 70	3 70
19	» 95	1 05	1 45	1 45	1 95	1 90	2 »	2 90	2 85	3 85
20	1 »	1 10	1 60	1 50	2 »	2 »	2 10	3 »	3 »	4 »
21	1 05	1 15	1 55	1 60	2 10	2 10	2 20	3 10	3 15	4 15
22	1 10	1 20	1 60	1 65	2 15	2 20	2 30	3 20	3 30	4 30
23	1 15	1 25	1 65	1 75	2 25	2 30	2 40	3 30	3 45	4 45
24	1 20	1 30	1 70	1 80	2 30	2 40	2 50	3 40	3 60	4 60
25	1 25	1 35	1 75	1 90	2 40	2 50	2 60	3 50	3 75	4 75
26	1 30	1 40	1 80	1 95	2 45	2 60	2 70	3 60	3 90	4 90
27	1 35	1 45	1 85	2 05	2 55	2 70	2 80	3 70	4 05	5 05
28	1 40	1 50	1 90	2 10	2 60	2 80	2 90	3 80	4 20	5 20
29	1 45	1 55	1 95	2 20	2 70	2 90	3 »	3 90	4 35	5 35
30	1 50	1 60	2 »	2 25	2 75	3 »	3 10	4 »	4 50	5 50
31	1 55	1 65	2 05	2 35	2 85	3 10	3 20	4 10	4 65	5 65
32	1 60	1 70	2 10	2 40	2 90	3 20	3 30	4 20	4 80	5 80
33	1 65	1 75	2 15	2 50	3 »	3 30	8 40	4 30	4 95	5 95
34	1 70	1 80	2 20	2 55	3 05	3 40	3 50	4 40	5 10	6 10
35	1 75	1 85	2 25	2 65	3 15	3 50	3 60	4 50	5 25	6 25
36	1 80	1 90	2 30	2 70	3 20	3 60	3 70	4 60	5 40	6 40
37	1 85	1 95	2 35	2 80	3 30	3 70	3 80	4 70	5 55	6 55
38	1 90	2 »	2 40	2 85	3 35	3 80	3 90	4 80	5 70	6 70
39	1 95	2 05	2 45	2 95	3 45	3 90	4 »	4 90	5 85	6 85
40	2 »	2 10	2 50	3 »	3 50	4 »	4 10	5 »	6 »	7 »
41	2 05	2 15	2 55	3 10	3 60	4 10	4 20	5 10	6 15	7 15
42	2 10	2 20	2 60	3 15	3 65	4 20	4 30	5 20	6 30	7 30
43	2 15	2 25	2 65	3 25	3 75	4 30	4 40	5 30	6 45	7 45
44	2 20	2 30	2 70	3 30	3 80	4 40	4 50	5 40	6 60	7 60
45	2 25	2 35	2 75	3 50	3 90	4 50	4 60	5 50	6 75	7 75
46	2 30	2 40	2 80	3 45	3 95	4 60	4 70	5 60	6 90	7 90
47	2 35	2 45	2 85	3 55	4 05	4 70	4 80	5 70	7 05	8 05
58	2 40	2 50	2 90	3 70	4 10	4 80	4 90	5 80	7 20	8 20
59	2 45	2 55	2 95	3 70	4 20	4 90	1 »	5 90	7 35	8 35
50	2 50	2 60	2 »	3 75	4 25	5 »	5 10	6 »	7 50	8 50

Voir, pour la nomenclature des communes de l'arrondissement de Saint-Denis, avec les renseignements relatifs AU SERVICE POSTAL ET TÉLÉGRAPHIQUE, *p. n° 5.*

du mot est fixé à quinze caractères, selon l'alphabet Morse.

Dans le service international 1° *régime européen*, le maximum de longueur d'un mot est fixé à 15 caractères ; 2° *extra-européen*, ce maximum est fixé à 10 caractères. Dans ces deux régimes, les expressions réunies par un trait d'union sont comptées pour le nombre de mots qui servent à les former. *Toutefois, aussi bien pour la correspondance du régime européen que pour celle du régime extra-européen, sont comptés respectivement pour un seul mot, mais seulement dans l'adresse, le nom du bureau destinataire et le pays de destination, quel que soit le nombre des caractères employés, sous la condition que les noms propres soient écrits comme ils figurent dans la nomenclature officielle du bureau international.* Les mots séparés par une apostrophe sont comptés comme autant de mots isolés.

Dans le service international les réunions ou altérations de mots contraires à l'usage de la langue ne sont point admises. Toutefois, les noms propres de ville et de personnes, les noms de lieux, places, boulevards, rues, etc., les noms de navires, ainsi que les nombres écrits en toutes lettres sont comptés, jusqu'à dix lettres dans le régime extra-européen, pour le nombre de mots employés par l'expéditeur à les exprimer.

Tout caractère isolé, lettre ou chiffre, est compté pour un mot ; il en est de même du souligné (art. 38).

Nombres en chiffres et groupes du langage chiffré. — Dans le service intérieur et dans le service international, régime européen, les nombres écrits en chiffres sont comptés chacun pour autant de mots qu'ils contiennent de fois cinq chiffres, plus un mot pour l'excédent. La même règle est applicable au calcul des groupes de lettres.

Pour la correspondance extra-européenne, le nombre de mots auxquels correspond un groupe de chiffres ou de lettres s'obtient en divisant les chiffres par trois, et ajoutant, s'il y a lieu, un mot pour l'excédent. Sont comptés pour un chiffre : les points et les virgules qui entrent dans la formation des nombres ainsi que les barres de division. Les lettres ajoutées aux chiffres pour désigner les nombres ordinaux sont comptées chacune pour un chiffre.

Dans les télégrammes qui contiennent un langage convenu ou un langage chiffré, les mots clairs sont comptés d'après les règles ci-dessus indiquées pour le langage ordinaire.

Enfin, les groupes de chiffres ou de lettres, ainsi que les mots, noms ou assemblages de lettres non admis dans le langage clair ou convenu sont comptés comme les nombres écrits en chiffres (art. 39).

Marques de commerce. — Pour les marques de commerce. les chiffres et les lettres doivent être comptés séparément ; les barres de division ont la même valeur que les chiffres ou que les lettres ; enfin, les lettres séparées par des points sont considérés comme autant de caractères isolés et comptées chacune pour un mot, les points étant, dans ce cas, traités comme des signes de ponctuation et transmis gratuitement (art. 40).

Perception des taxes

Les taxes principales et accessoires sont acquittées au départ.

Sont toutefois perçues sur le destinataire :

(*a*) Les taxes de réexpédition des télégrammes à « faire suivre » et celles des télégrammes sémaphoriques provenant des bâtiments en mer ;

(*b*) L'excédent de taxe d'une « réponse payée intérieure, » si l'expéditeur du télégramme-réponse adresse celle-ci à l'expéditeur même du télégramme primitif portant l'indication éventuelle (RP) et s'il a eu soin d'inscrire, avant l'adresse de son télégramme-réponse, la mention « complément à percevoir X... mots; »

(*c*) Les frais d'exprès lorsque ce mode d'envoi a été employé sur la demande du destinataire;

(*d*) Les frais d'exprès des télégrammes internationaux qui portent avant l'adresse la simple mention « Exprès. »

Les moins perçus par erreur, ainsi que les taxes et frais accessoires non perçus sur le destinataire, doivent être acquittés par l'expéditeur. Toute taxe à percevoir sur le destinataire est inscrite sur l'enveloppe de la dépêche et le porteur donne un reçu gratuit détaché du registre à souche (art. 164).

CHEMINS DE FER (Service circulaire)

DE PARIS (NORD) A PARIS (OUEST) PAR ERMONT ET ARGENTEUIL

Embarcadère à Paris, 18, rue de Dunkerque

Aller et retour PRIX DES PLACES			Voyage simple PRIX DES PLACES			Kil.	Nos	GARES	TRAINS ORDINAIRES															
1re cl	2e cl.	3e cl.	1re cl	2e cl	3e cl				mat.	mat.	matin.	matin.	matin.		soir.	soir.	soir.	soir.	soir.	soir.	soir.	soir.	soir.	soir.
							1	Paris (Nord), dép.	7h10	8h10	9h10	10h10	11h10	12h10	1h10	2h10	3h10	4h10	5h10	6h10	7h10	8h10	9h10	10.10
»	»	»	0f35	0f25	0f20	2	2	La Chapelle-Nord ceinture.......	»	»	»	»	»	»	»	»	»	»	»	»	»	»	»	10.18
0f70	0f55	0f40	0.45	0.35	0.25	4	3	La Plaine St-Denis	»	»	»	»	»	»	»	»	»	»	»	»	»	»	»	10.15
1.30	0.85	0.70	0.85	0.65	0.40	7	4	*Saint-Denis*.....	7.19	8.19	9.19	10.19	11.19	12.19	1.19	2.19	3.19	4.19	5.19	6.19	7.19	8.19	9.19	10.19
1.80	1.40	1.10	1.25	0.90	0.65	10	5	Epinay..........	7.24	8.24	9.24	10.24	11.24	12.24	1.24	2.24	3.24	4.24	5.24	6.24	7.24	8.24	9.24	10 24
2.25	1.65	1.40	1.45	1.10	0.80	12	6	Enghien	7.30	8.30	9.30	10.30	11.30	12.30	1.30	2.30	3.30	4.30	5.30	6.30	7.30	8.30	9.30	10.30
2.80	2.05	1.70	1.85	1.35	0.95	15	7	Ermont..........	7.44	8.41	9.41	10.41	11.41	12.41	1.41	2.41	3.41	4.41	5.41	6.41	7.41	8.41	9.41	10.44
2.95	2.25	1.85	1.95	1.45	1.10	16	8	Sannois.........	7.48	8.45	9.45	10.45	11.45	12.45	1.45	2.45	3.45	4.45	5.45	6.45	7.45	8.45	9.45	10.48
2.95	2.25	1.85	1.95	1.45	1.10	19	9	Argenteuil	7.55	8.51	9.51	10.51	11.51	12.51	1.51	2.51	3 51	4.51	1.51	6.51	7.51	8.51	9.51	10.55
»	»	»	1.95	1.45	1.10	22	10	Colombes........	8.01	8.57	9.57	10.57	11.57	12.57	1.57	2.57	3.57	4.57	5.57	6.57	7.57	8.57	9.57	11.01
»	»	»	1.95	1.45	1.10	23	11	Bois-de-Colombes	8.06	9.01	10.01	11.01	12.01	1.01	2.01	3.01	4.01	5.01	6.01	7.01	8 01	9.01	10.01	11.06
»	»	»	1.95	1.45	1.10	25	12	Asnières........	8.12	9.07	10.07	11.07	12.07	1.07	2.07	3.07	4.07	5.07	6.07	7.07	8.07	9.07	10.07	11.12
»	»	»	1.95	1.45	1.10	29	13	Paris (Ouest), arr.	8.20	9.15	10.15	11.15	12.15	1.15	2.15	3.15	4.15	5.15	6.15	7.15	8.15	9.15	10.15	11.20

(Dernier train, départ de Paris 12 h. 30.)

DE PARIS (OUEST) A PARIS (NORD) PAR ARGENTEUIL ET ERMONT

Embarcadère à Paris, rue d'Amsterdam et cour de Rome

1re cl	2e cl.	3e cl.	1re cl	2e cl.	3e cl.				mat.	mat.	matin.	matin.	matin.		soir.	soir.	soir.	soir.	soir.	soir.	soir.	soir.	soir.	soir.
							1	Paris (Ouest), dép.	7h05	8h05	9h05	10h05	11h05	12.05	1h05	2h05	3h05	4h05	5h05	6h05	7h05	8h05	9h05	10.05
1f10	0f70	»	0f55	0f35	»	5	2	Asnières........	7.14	8.14	9.14	10.14	11.14	12.14	1.14	2.14	3.14	4.14	5.14	6.14	7.14	8.14	9.14	10.14
1.30	0.80	0f60	0.70	0.45	0f35	6	3	Bois-de-Colombes	7.18	8.18	9.18	10.18	11.18	12.18	1.18	2.18	3.18	4.18	5.18	6.18	7.18	8.18	9.18	10.18
1.65	1.10	0.90	0.95	0.70	0.55	8	4	Colombes.......	7.22	8.22	9.22	10.22	11.22	12.22	1.22	2.22	3.22	4.22	5.22	6.22	7.22	8.22	9.22	10.22
1.80	1.40	1.10	1.20	0.90	0.65	10	4	Argenteuil	7.29	8.29	9.29	10.29	11.29	12.29	1.29	2.29	3.29	4.29	5.29	6.29	7.29	8.29	9.29	10.29
2.40	1.80	1.45	1.55	1.20	0.85	13	6	Sannois.........	7.35	8.35	9.35	10.35	11.35	12.35	1.35	2.35	3.35	4.35	5.35	6.35	7.35	8.35	9.35	10.33
2.80	2.09	1.70	1.85	1.35	0.95	14	7	Ermont.........	7.42	8.42	9.42	10.42	11.42	12.42	1.42	2.42	3.42	4.42	5.42	6.42	7.42	8.42	9.42	10.42
2.95	2.25	1.85	1.95	1.45	1.10	17	8	Enghien	7.51	8.51	9.51	10.51	11.51	12.51	1.51	2.51	3.51	4.51	5.51	6.51	7.51	8.51	9.51	10.51
2.95	2.25	1.75	1.95	1.45	1.10	20	9	Epinay..........	7.56	8.56	9.56	10.56	11.56	12.56	1.56	2.56	3.56	4.56	5.56	6.56	7.56	8.56	9.56	10 56
2.95	2.25	1.85	1.95	1.45	1.10	23	10	*Saint-Denis*....	8.01	9.01	10.01	11.01	12.01	1.01	2.01	3.01	4.01	5.01	6.01	7.01	8.01	9.01	10.01	11.01
»	»	»	1.95	1.45	1.10	26	11	La Plaine St-Denis	»	»	»	»	»	»	»	»	»	»	»	»	»	»	10.05	11.05
»	» »	»	»	»	»	»	12	La Chapelle-Nord ceinture......	»	»	»	»	»	»	»	»	»	»	»	»	»	»	10.07	11.07
»		»	»	»	»	29	13	Paris (Nord), arr.	8.09	9.09	10.09	11.09	12.09	1.09	2.09	3.09	4.09	5.09	6.09	7.09	8.09	9.09	10.11	11.11

TRAINS OUVRIERS

De Saint-Denis à Paris (Nord)

Départs : 5 h. 45 et 6 h. 50 du matin.

De Paris (Nord) à Saint-Denis

Départs : 7 heures et 8 heures du soir.

AVIS. Les dimanches, les cartes hebdomadaires, dites cartes d'abonnement d'ouvriers, seront délivrées de 5 h. 1/2 du matin à 7 heures du soir au bureau de la grande vitesse. Passé cette heure, il n'en sera plus délivré qu'à partir du lundi, à 7 heures du matin, aux guichets des voyageurs.

Consulter l'Indicateur général pour les heures des trains spéciaux.

CHEMIN DE FER DU NORD

Renseignements ou Observations

Bagages. — Tout voyageur dont le bagage ne pèse pas plus de 30 kilogrammes n'a à payer pour le transport de ce bagage, aucun supplément du prix de sa place. — Cette franchise ne s'applique pas aux enfants transportés gratuitement, et elle est réduite à 20 kilogrammes pour les enfants transportés à moitié prix.

Enfants. — Au-dessous de trois ans, les enfants ne paient rien, à la condition d'être portés sur les genoux des personnes qui les accompagnent. — De 3 à 7 ans, ils paient demi-place et ont droit à une place distincte ; toutefois, dans un même compartiment, deux enfants ne pourront occuper que la place d'un voyageur. — Au-dessus de 7 ans, les enfants paient place entière.

Compartiments réservés aux chasseurs avec chiens. — *Pendant l'ouverture de la chasse*, des compartiments spéciaux, soit de 2e, soit de 3e classe, sont mis à la disposition des chasseurs accompagnés de leurs chiens ; ces chiens devront être muselés.

Chiens. — *En temps ordinaire*, les chiens ne sont pas admis dans les voitures ; ils sont placés dans des compartiments spéciaux, et ne sont reçus que muselés.

Chiens de luxe. — La compagnie tolère l'admission dans les voitures des petits chiens de salon, à la condition : 1° Qu'ils seront enfermés dans un panier ; 2° Que le poids du chien, y compris le panier, ne sera pas supérieur à 3 kilogrammes ; 3° Que leur propriétaire aura acquitté le prix du tarif.

Chauffage des voitures. — Pendant la période d'hiver, les voitures de 1re 2e et 3e cl. sont chauffées dans tous les trains ayant plus de deux heures de parcours. Dans les trains ayant une durée de parcours inférieur à deux heures, le chauffage n'a lieu que pour les voitures de 1re cl. et les compartiments de 2e et de 3e cl. réservés aux dames.

Conditions des Billets d'aller et retour

I. — Les billets d'aller et retour ne peuvent servir que pour les lieux de départ et de destination qu'ils indiquent.

II. — Les deux coupons d'aller et retour dont se composent ces billets ne sont valables qu'à la condition d'être utilisés par la même personne ; à l'aller, les deux coupons doivent être présentés à la fois adhérents ou detachés, tant au départ qu'au contrôle en cours de route et à l'arrivée. Le voyageur qui ne présenterait que le coupon d'aller, sans produire en même temps le coupon de retour, devra payer le prix intégral de sa place d'après le tarif ordinaire, défalnation faite de la valeur du coupon d'aller.

III. — Le coupon d'aller ne peut servir qu'au départ du train pour lequel il a été délivré.

IV. — Le coupon de retour est valable :

1° Le jour de l'émisson pour les stations situées dans un rayon de 105 kilomètres de Paris. *Première zone.*

2° Jusqu'au lendemain du jour de l'émission pour les stations distantes de Paris entre 106 et 205 kilomètres. *Deuxième zone.*

3° Jusqu'au surlendemain du jour de l'émission pour les stations distantes de Paris de plus de 205 kilomètres. *Troisième zone.*

Dans les deux premières zones, le coupon de retour des billets délivrés le samedi et le dimanche est valable jusqu'au lundi suivant inclus, et le coupon de retour des billets délivrés la veille et le jour des fêtes légales est valable jusqu'au lendemain de ces fêtes.

Dans les trois zones, lorsqu'un dimanche et un jour de fête se suivent et réciproquement, le coupon de retour est valable savoir : du vendredi au lundi inclus, lorsque le jour de fête est un samedi, et du samedi au mardi inclus lorsque le jour de fête est un lundi.

Sont considérés comme fêtes légales : le 1er janvier, le lundi de Pâques, l'Ascension, le lundi de la Pentecôte, le 14 juillet, l'Assomption, la Toussaint et le jour de Noël.

V. — Le voyageur porteur d'un coupon de retour est admis dans le train de nuit arrivant à destination le lendemain matin du jour où expire le délai de validité, pourvu que l'heure réglementaire du départ du train de la station de retour ne soit pas fixée après minuit.

VI. — Les coupons non utilisés dans les délais stipulés ci-dessus n'ont plus aucune valeur.

VII. — Le voyageur descendu, à l'aller, à une gare située en deça de la gare indiquée par son billet d'aller et retour pourra revenir à son point de départ, sans être assujetti à payer un supplément de prix.

VIII. — Lorsqu'un voyageur descend, à l'aller, à une gare située au-delà de celle indiquée par son billet d'aller et retour, les deux coupons d'aller et retour lui seront retirés et il sera tenu de payer sa place pour le trajet entier qu'il aura effectué d'après le prix ordinaire du tarif, défalcation faite de la valeur de son billet d'aller et retour; dans le cas ou le prix du billet de simple parcours se trouverait inférier à la valeur du billet d'aller et retour, la différence en faveur du voyageur lui sera immédiatement remboursé.

IX. — Le voyageur descendu, au retour, à une gare située en deça de la gare indiquée par son coupon de retour ne sera pas assujetti à payer un supplément de prix.

X. — Lorsqu'un voyageur descendra, au retour, à une gare située au-delà de celle où il aura pris son billet d'aller et retour, il devra payer le montant intégral au tarif ordinaire du prix de la place qu'il aura occupée depuis le point de départ indiqué sur le coupon de retour, défalcation faite de la valeur de ce coupon.

XI.— Les billets d'aller et retour donnent droit de circuler dans tous les trains ayant des voitures de la classe indiquée par le billet. Toutefois le porteur d'un coupon de retour ne peut être admis dans les trains pour lesquels on ne délivre pas au guichet des billets ordinaires de la classe correspondante pour la destination indiquée sur ce coupon.

XII. — Les voyageurs qui, aux termes du cahier des charges de la Compagnie, ont droit à une réduction sur le prix de leur place, paient la taxe du tarif légal, sous déduction de la remise à laquelle ils ont droit, à moins que cette taxe, ainsi réduite, ne soit supérieure à celle du présent tarif. En outre, on délivre à la gare de Paris-Nord des billets d'aller et retour pour les localités suivantes de l'Ouest, d'Enghien à Montmorency,

STATIONS	DIST.	1re classe	2e classe	3e classe
	k	fr. c.	fr. c.	fr. c.
Colombes....................	22	2 95	2 25	1 85
Bois-de-Colombes.............	23	2 95	2 25	1 85
Asnières.....................	24	2 85	2 25	1 85
Soisy (halte)................	18	2 15	2 25	2 »
Montmorency..................	18	2 35	2 35	2 10

Conditions particulières. — Les billets délivrés à Paris-Nord pour Colombes, Bois-de-Colombes et Asnières :

1° Le samedi et les veilles de fêtes légales sont valables, au retour, jusqu'au dernier train du surlendemain du jour de leur émission ;

2° Le dimanche et les jours de fête ils sont valables, au retour, jusqu'au dernier train du lendemain de leur date ;

3° Les veilles de Pâques et de la Pentecôte ainsi que les lundis de Paques et de la Pentecôte, ils sont valables, jusqu'au dernier train de la journée du mardi suivant.

Lorsqu'un dimanche et un jour de fête se suivent, les billets délivrés à Paris-Ouest et à Paris-Nord, sont valables, au retour, savoir : du vendredi au lundi inclus, lorsque le jour de fête est un samedi ; du samedi au mardi inclus, lorsque le jour de fête est un lundi.

Pour les billets d'aller et retour avec retour facultatif par par la ligne de l'Ouest, le voyageur qui descend à une station située au delà de celle indiquée par son billet, et pour laquelle le prix de la place n'est pas le même, doit acquitter, tant à l'arrivée pour l'aller qu'au départ pour le retour la différence entre la moitié du prix déjà payé et le prix du billet d'après le tarif ordinaire, sans réduction de prix.

EXTRAIT DU TARIF DES ABONNEMENTS

LONGUEUR DU PARCOURS indiquée sur la carte d'abonnement.	1re CLASSE			2e CLASSE		
	TROIS MOIS (*)	SIX MOIS	UN AN	TROIS MOIS (*)	SIX MOIS	UN AN
	fr. c.	fr. c.	fr. c.	fr. c.	fr. c.	fr. c.
6	64 »	96 »	144 »	48 »	72 »	108 »
7	75 »	112 »	178 »	56 »	84 »	126 »
8 à 9	85 »	128 »	192 »	64 »	96 »	144 »
10 à 12	117 »	176 »	240 »	80 »	120 »	180 »
13 à 16	141 »	211 20	288 »	96 »	144 »	216 »
17 à 21	164 »	246 40	369 60	123 »	184 80	252 »
32 à 27	188 »	281 60	422 50	141 »	211 20	288 »
28 à 34	211 »	316 80	475 20	158 »	237 60	356 40
35 à 42	235 »	352 »	528 »	176 »	264 »	396 »
43 à 51	258 »	387 20	580 80	194 »	290 40	435 60

L'abonné a le droit de monter et de descendre à toutes les stations comprises dans les parcours indiqués sur sa carte. Les cartes d'abonnement de première classe, ne donnent pas droit aux places de coupé. Les abonnés de première classe qui les occuperont paieront intégralement le supplément de prix fixé par le tarif spécial des coupés. Les abonnements courent à partir du premier de chaque mois et doivent être demandés huit jours au moins à l'avance.

(*) Les abonnements de trois mois ne sont établis que pour les relations de Paris avec les stations de la banlieue situées à 105 kilomètres et moins; les chiffres indiqués pour les distances au delà de 105 kilomètres ne peuvent donc servir pour les abonnements de trois mois qu'au calcul des prix applicables aux cartes donnant droit de passer par deux directions.

CHEMIN DE FER DU NORD

(Gare de la Plaine St-Denis)

MARCHANDISES PETITE VITESSE, **Avenue de Paris, 105**

GARE DES VOYAGEURS, **Chemin des Fruitiers**

sis entre les numéros 151 et 155 de l'avenue de Paris.

CHEMIN DE FER INDUSTRIEL DE LA PLAINE SAINT-DENIS ET D'AUBERVILLIERS

Avenue de Paris, 124

MAGASINS GÉNÉRAUX DE SAINT-DENIS

Avenue de Paris, 50

CHEMIN DE FER DE L'OUEST

Renseignements ou observations

Enfants. — Au-dessous de 3 ans, les enfants ne paient rien, à la condition d'être portés sur les genoux des personnes qui les accompagnent. De 3 à 7 ans, ils paient demi-place et ont droit à une place distincte; toutefois, dans un même compartiment, deux enfants ne pourront occuper que la place d'un voyageur.

Au-dessus de 7 ans, les enfants paient place entière.

Bagages. — Tout voyageur dont le bagage ne pèse pas plus de 30 kilog., n'a à payer, pour le transport de ce bagage, aucun supplément du prix de sa place. Dette franchise ne s'applique pas aux enfants transportés gratuitement, et elle est réduite à 20 kilog. pour les enfants transportés à moitié prix.

Dépôt des Bagages. — Il est perçu pour la garde des bagages déposés dans les gares, sous la responsabilité de la Compagnie, soit avant le départ, soit après l'arrivée des trains :

Un droit de 0,05 par article et par jour. Le minimum de la perception est fixé à 0 fr. 10.

Le dépôt est constaté, avant le départ, soit par la délivrance d'un bulletin, soit par la conservation, entre les mains du voyageur, du bulletin délivré au départ.

Sont exempts de tous droits de garde ou de dépôt, les bagages des voyageurs forcés de s'arrêter dans les gares de bifurcation pour attendre le départ du premier train qui doit les conduire à destination.

Bagages des lignes de banlieue à destination des grandes lignes. — Les bagages expédiés des gares des lignes de banlieue pour les grandes lignes doivent, lorsqu'ils passent par Paris (Saint-Lazare), être remis à des trains arrivant à Paris (Saint-Lazare) 25 minutes au moins avant le départ du train de grande ligne en correspondance.

Lorsque les bagages ne seront pas remis en temps utile pour être réexpédiés dans le délai indiqué ci-dessus, mention de l'heure de la remise sera faite sur le bulletin de bagages et la réexpédition de Paris par le premier train ne sera pas garantie.

Conditions des billets d'aller et retour

Les billets délivrés à Paris le samedi et le dimanche, sont valables, pour le retour, jusqu'au lundi suivant; ceux délivrés les jour de fêtes légales sont valables, pour le retour, le jour de l'émission et le lendemain. Les billets délivrés la veille des fêtes légales sont valables, pour le retour, le jour de l'émission, le lendemain et le surlendemain.

Lorsqu'un dimanche et un jour de fête se suivent, les billets d'aller et de retour sont valables, savoir : du vendredi au lundi inclus, lorsque le jour de fête est un samedi ; du samedi au mardi inclus, lorsque le jour de fête est un lundi.

Sont considérés comme jours de fête : le 1er janvier, le lundi de Pâques, l'Ascension, le lundi de la Pentecôte, le 14 Juillet, l'Assomption, la Toussaint et le jour de Noël.

EXTRAIT DU TARIF DES ABONNEMENTS

De Paris (Saint-Lazare) aux gares ci-dessous et vice versa

	DIST.	DE TROIS MOIS		DE SIX MOIS		D'UN AN	
		1re cl.	2e cl.	1re cl.	2e cl.	1re cl.	2e cl.
Asnières............. Bois-de-Colombes..... Colombes............ Argenteuil...........	6k 6 8 10	115 50	82 50	165 »	105 »	210 »	150 »
Sannois (Nord).......	13	141 »	96 »	211 50	144 »	288 »	216 »

Cartes d'abonnement

Observations. — Les abonnements et renouvellements d'abonnements doivent être demandés 5 jours à l'avance. — Les abonnements courent à partir du 1er de chaque mois.

La demande pour abonnement doit être accompagnée d'un portrait photographié d'environ 3 centimètres de hauteur sur 2 centimètres de largeur sur épreuve non collée. Ce portrait sera collé par les soins de la Compagnie sur la carte d'abonnement.

Des cartes d'abonnement à moitié prix sont délivrées aux élèves de 21 ans au plus qui font leurs études dans un lycée ou une institution de Paris, sur la production d'un certificat le constatant.

Conditions générales. — Il est délivré sur toutes les sections du réseau des cartes nominatives et personnelles de 1re, de 2e et de 3e classes valables pendant trois mois, six mois et un an. Toutefois, il n'est pas délivré d'abonnements en 3e classe sur les lignes de banlieue de Paris (Versailles R. D. et R. G.; Saint-Germain; Argenteuil; Auteuil et Ceinture R. G.), qui jouissent d'ailleurs de prix exceptionnels en 1re et en 2e classe.

Le prix d'abonnement est calculé sur la distance kilométrique suivant le parcours choisi par l'abonné et la carte n'est valable que pour l'itinéraire indiqué.

L'abonné a le droit de circuler gratuitement entre toutes les stations comprises dans les parcours indiqués sur sa carte, et dans tous les trains qui prennent des voyageurs de la classe pour laquelle l'abonnement a été souscrit.

La carte d'abonnement doit être signée par l'abonné, qui est tenu de la présenter à toute réquisition et de se prêter, en outre, à toutes les mesures de contrôle que la Compagnie jugera convenable d'adopter.

L'abonné qui ne présente pas sa carte paie le prix de sa place. — Ce prix est irrévocablement acquis à la Compagnie.

La carte d'abonnement n'est valable que pour la classe de voiture qui y est indiquée. En conséquence, tout abonné qui monte dans une voiture d'une classe supérieure à celle désignée par sa carte, paie le prix d'une place entière de la classe occupée.

L'abonné doit prendre l'engagement :

1° De ne réclamer, en aucun cas, le prix de son abonnement qui reste acquis à la Compagnie.

2° De voir annuler de plein droit, son abonnement, sans qu'il y ait lieu à aucune restitution, même partielle, du montant de l'abonnement qui reste acquis à la Compagnie, à titre de dommages intérêts, savoir : 1° Si la carte de l'abonnée est trouvée en d'autres mains que les siennes; 2° Si l'abonné s'en sert pour un parcours autre que celui qui y est indiqué.

3° De ne pas faire, au détriment de la Compagnie, le trafic de la messagerie, en présentant, comme lui appartenant, des colis groupés ne faisant point partie de son bagage personnel, et à n'exercer, à raison de l'abonnement, aucune action, ni prétendre à aucune indemnité de la Compagnie pour aucun arrêt, empêchement, retard, changement de service, diminution du nombre des trains, ou défaut de place qui obligerait l'abonné à monter dans les voitures d'une classe inférieure.

L'abonné verse à la Compagnie en échange de sa carte :

1° Le prix intégral de l'abonnement; 2° à titre de garantie une somme de 10 francs qui lui est rendue à l'expiration de l'abonnement, en échange de sa carte. A défaut de la remise de la carte, soit directement, soit par envoi postal, dans les cinq jours qui suivent la cessation de l'abonnement, cette somme de 10 francs sera acquise, de plein droit, à la Compagnie.

En cas de perte de sa carte, l'abonné doit en donner immédiatement avis à la Compagnie, faute de quoi il sera statué à son égard comme il a été dit ci-dessus dans le cas où sa carte serait trouvée en d'autres mains. Une nouvelle carte n'est délivrée par duplicata, à l'abonné, qu'après un délai de quinze jours nécessaire pour assurer l'efficacité du contrôle. Cette carte, comme la première, n'est remise au titulaire qu'après le dépôt d'une nouvelle somme de 10 fr. dans la caisse de la Compagnie.

TRAINS TRAMWAYS

ENTRE SAINT-DENIS ET PARIS (NORD)

1re cl	2e cl.	3e cl.	DIST.	STATIONS	A-2 1e2e3e	A-4 1e2e3e	A-6 1e2e3e
PRIX DES PLACES DE PARIS A SAINT-DENIS ET VICE VERSA							
fr. c.	fr. c.	fr. c.	kil.		mat.	mat.	mat.
» »»	» »»	» »»		**Saint-Denis**......... dép	6 3	6 23	6 43
» 55	» 45	» 30	2	Pont de la Révolte (PS).......	6 5	6 25	6 45
» 45	» 35	» 25	4	Le Landy (P. I.)...............	6 7	6 27	6 47
» 45	» 35	» 25	4	La Plaine Saint-Denis.........	6 10	6 30	6 50
» 25	» 20	» 15	5	La Chapelle-N.-Ceinture......	6 13	6 83	6 53
» 85	» 65	» 40	7	**Paris**................. arr	6 16	6 36	6 56

Les autres trains ont lieu trois fois par heure : aux 3, 23 et 43 minutes, et suivent la marche des trains A-2, A-4 et A-6 ci-contre. — Dernier départ à 9 h. 03 soir.

1re cl	2e cl.	3e cl.	DIST.	STATIONS	A-1 1e2e3e	A-3 1e2e3e	A-5 1e2e3e
fr. c.	fr. c.	fr. c.	kil.		mat.	mat.	mat.
» »»	» »»	» »		**Paris**.................dép.	6 3	6 23	6 43
» 25	» 20	» 15	2	La Chapelle-N.-Ceinture.......	6 7	6 27	6 47
» 45	» 35	» 25	4	La Plaine-Saint-Denis.........	6 10	6 30	6 50
» 45	» 35	» 25	4	Le Landy (P. I.)	6 12	6 32	6 52
» 55	» 45	» 30	5	Pont de la Révolte (PS).......	6 14	6 34	6 54
» 85	» 65	» 40	7	**Saint-Denis**........arr.	6 16	6 36	5 56

Les autres trains ont lieu trois fois par heure : aux 3, 23 et 43 minutes, et suivent la marche des trains A 1, A-3 et A-5 ci contre. — Dernier départ à 9 h. 03 soir.

Les trains desservant les trois lignes suivantes :

1° Entre Paris-Saint-Denis;

2° Entre Paris et Saint-Ouen les Docks (quai de Seine);

Un départ toutes les heures 16 minutes depuis 5 h. du matin jusqu'à 9 h. 16 du soir inclus.

3° Entre Saint-Ouen les Docks (quai de Seine) et Pantin.

Un départ toutes les heures 42 minutes depuis 5 h. 27 du matin jusqu'à 9 h. 42 du soir inclus.

Sont en correspondance à la station de la Plaine Saint-Denis :

Les voyageurs en provenance de Paris et Saint-Denis et en destination de Pantin descendent à la Plaine Saint-Denis et vont prendre les trains de Pantin au PN du chemin du pont des Fruitiers et inversement.

Observations. — Les trains-tramways comportent des places de 1re, 2e et 3 classes; ils ne prennent ni bagages, ni chiens, etc., les porteurs de cartes d'abonnement ou de coupons de retour délivrés pour les trains ordinaires y sont admis. Le nombre des places dans les trains-tramways étant limité, tous les voyageurs, sans exception, y compris les abonnés et les porteurs de coupons de retour devront, à chaque train, prendre au guichet un numéro d'ordre de la couleur de la classe où ils doivent monter.

Les voyageurs partant des autres points d'arrêt (passages à niveau, passages supérieurs, etc.) paient leur place au conducteur qui leur délivre un bulletin.

OMNIBUS CORRESPONDANCE DU CHEMIN DE FER

TRAJET : de la gare de St-Denis au Barrage

et réciproquement moyennant 0 fr. 15 centimes

Itinéraire : Rue du Port, rue Catulienne, rue des Ursulines, rue de la Boulangerie, place Victor Hugo, rue Compoise, rue de Paris (Barrage).

Départs du Barrage : Toutes les heures 40 minutes de passage à l'abbaye (place Victor Hugo) aux heures 50 minutes, de passage rue des Ursulines et rue Catulienne aux heures 55 minutes. Durée du trajet : 18 minutes.

Le conducteur annonce à son de trompe le passage de la voiture se rendant au chemin de fer.

OMNIBUS DE PIERREFITTE A LA GARE DE ST-DENIS

et réciproquement moyennant 0 fr. 20 la semaine, et 0 fr. 25 les Dimanches et Fêtes

Départs de Pierrefitte, avenue du Nord, n° 1, matin, 7 h. 30, 10 h. 20 ; soir, 1 h. 45, 5 h. 20.

Départs de la gare de St-Denis, avec arrêt de 0 h. 5 place de la Caserne, matin, 8 h. 30, 11 h. 30; soir, 3 h. 15. 6 h. 30.

MESSAGERIES

Degoul, 5, rue des Chaumettes.
Départs pour Paris, tous les jours à midi.
Bureaux à Paris : faubourg Saint-Denis, 12 et boulevard Saint-Denis, 18

Goupille, 9, rue Fontaine.
Départs pour Paris, tous les jours à midi.
Bureau à Paris : rue des Deux Ecus, 32.

Piat : rue Catulienne, 21.
Départs tous les jours à midi.
Bureaux à Paris, 15, faubourg Saint-Martin ; 4 *bis*, place Sainte-Opportune ; 49, rue des Blancs-Manteaux ; 259, rue Saint-Martin ; 17, rue des Etuves-Saint-Martin.

Forest Arsène (Messagerie parisienne) rue de la Légion d'honneur, 27.
Départs pour Paris tous les jours à midi.
Bureaux à Paris : rue Neuve Bourg l'Abbé, 4 et rue d'Enghien, 23.

Moreuil, Grande-rue-Saint-Marcel, 18.
Départs pour Paris : tous les jours à midi.
Dépôt à Paris, 237, rue Saint-Martin ; 17, rue des Halles.

Gommier (Jules), place du Marché, 5; messagerie desservant les localités suivantes: Saint-Ouen, Clichy, Clichy-Levallois, Neuily-sur-Seine, Courbevoie, Puteaux, Suresnes, Boulogne-sur-Seine, Saint-Cloud, Sèvres, Chaville, Viroflay et Versailles.

Départs de St-Denis: le mardi et le vendredi de chaque semaine à 8 h. 1/2 du matin.

OMNIBUS TRAMWAYS NORD

Administration: 13, rue Louis-le-Grand, Paris

Départ de Saint-Denis (Caserne) à la rue Taitbout

VOITURE ET LANTERNE ROUGES

Itinéraire : Saint-Denis (Caserne), rue de Paris, Plaine Saint-Denis, porte de la Chapelle, boulevard de la Chapelle, rue de Maubeuge, rue de Châteaudun, carrefour Drouot, rue Lafayette.

Service matinal à prix réduits

Le tarif perçu pour toutes les places, sans distinction aucune, se réduit à celui de la 2e classe par chaque section parcourue.

Départs de Saint-Denis (caserne) 5 h. 20 et 6 h. du matin
Arrivées rue Taitbout (Paris) 6 h. 29 et 7 h. du matin.
Durée du trajet une heure

Prix des Places :

1° de Saint-Denis, (Caserne)	au pont de Soissons	0 f.	10
2° —	à la porte de la Chapelle	0	15
3° —	à la rue Taitbout	0	30
4° du pont de Soissons	à la porte de la Chapelle	0	05
5° —	à la rue Taitbout	0	20
6° de la porte de la Chapelle	à la rue Taitbout	0	15

Nota. — Les voitures du service matinal ne délivrent pas la correspondance. Ce service n'a jamais lieu les dimanches et jours de fêtes.

Service journalier

En semaine, départs de Saint-Denis, (Caserne) 6 h. 30, 6 h. 45, 7 h., 7 h. 15, 7 h. 30, 7 h. 45 du matin.
Ensuite toutes les 15 minutes comme ci-dessus.
Dernier départ 11 heures du soir.

Le dimanche, les départs ont lieu toutes les 13 et 14 minutes depuis 6 h. 30 du matin. Dernier départ 11 h. 09 du soir.

En semaine, départs de la rue Taitbout (Paris) 7 h. 45, 8 h. 8 h. 15, 8 h. 30, 8 h. 45 du matin.
Ensuite toutes les 15 minutes comme ci-dessus.
Dernier départ, dit des théâtres, minuit 20.

Le dimanche, les départs ont lieu toutes les 13 et 14 minutes depuis 7 h. 45 du matin. Dernier départ, minuit 20 minutes. Durée du trajet 60 minutes.

Prix des Places

			avec correspondance	
Réciproquement de la	Int.	Imp.	Int.	Imp.
Rue Taitbout à la porte de la Chapelle	0f.30	0f.15	0f.30	0f.30
— à Saint-Denis	0 60	0 30	0 60	0 45
Boulev. de la Chapelle pont de Soissons	0 10	0 05	0 40	0 35
Pont de Soissons à Saint-Denis	0 20	0 10		

Cette ligne est en correspondance au *Boulevard de la Chapelle*, (Bouffes du nord) avec les lignes :
De la Villette à l'Etoile. — de la Villette au Trocadéro. — de la Chapelle au square Monge.
A la rue de Châteaudun : avec les lignes de la gare de l'Est au Trocadéro. — de Batignolles Clichy à l'Odéon. — de la place Pigalle à la Halle aux vins. — de la Petite Villette aux Champs-Elysées.
Les voyageurs porteurs de correspondances provenant des lignes indiquées ci-dessus ont droit au transport gratuit jusqu'à la porte de la Chapelle.

De Saint-Denis (Place aux Gueldres) au boulevard Haussman

VOITURE ET LANTERNE JAUNES

Itinéraire : Saint-Denis (place aux Gueldres), route de la Révolte, boulevard des Batignolles, porte Saint-Ouen, avenue de Saint-Ouen, avenue de Clichy, place Clichy, rue de St.-Pétersbourg, rue de Rome, boulevard Haussmann.

Service matinal à prix réduits

Le tarif perçu pour toutes les places, sans distinction aucune, se réduit à celui de la 2e classe par chaque section parcourue.

Départs de Saint-Denis (place aux Gueldres) 5 h.30 et 5 h. 55 du matin.

Arrivées boulevard Haussmann 6 h. 25 et 6 h. 50 du matin.

Durée du trajet 55 minutes.

Prix des Places

1° De Saint-Denis (Gueldres)	à Saint-Ouen Landy	0f.	10
2° —	à la porte de Saint-Ouen	0	15
3° —	au boulev. Haussmann	0	30
4° de Saint-Ouen Landy	à la porte de St-Ouen	0	05
5° —	au boulev. Haussmann	0	20
6° de la porte de Saint-Ouen	au boulev. Haussmann	0	15

Nota. — Les voitures du service matinal ne délivrent pas la correspondance. Ce service n'a jamais lieu les dimanches et jours de fêtes.

Service journalier

En semaine, départs de Saint-Denis (place aux Gueldres) 6 h. 27, 6 h. 42, 7 h. 12 7 h. 27, 7 h. 42, 7 h. 57 du matin.

Ensuite toutes les 15 minutes comme ci-dessus.

Dernier départ 11 h. 10 du soir.

Le dimanche, les départs ont lieu toutes les 20 minutes depuis 6 h. 30 jusqu'à 11 h. 10 du matin. — Ensuite 11 h. 27, 11 h. 42, 11 h.57 et toutes les 15 minutes. Dernier départ 11 h. 10 du soir.

En semaine, départs du boulevard Haussmann Paris 6 h. 30 6 h. 50, 7 h. 32, 7 h. 47, 8 h. 02, 8 h. 17 du matin.

Ensuite toutes les 15 minutes comme ci-dessus.

Dernier départ dit des théâtres minuit 15 minutes.

Le dimanche, les départs ont lieu toutes les 20 minutes depuis 7 h. 35 jusqu'à midi 02 et ensuite toutes les 15 minutes.

Dernier départ minuit 15 minutes.

Durée du trajet, 55 minutes.

PRIX DES PLACES :

Réciproquement du	Int.	Imp.	Int.	Imp.
Boulev. Haussman à la porte St-Ouen	0 f.30	0 f.15	0 f.30	0 f.30
— au chemin du Landy	0 40	0 20	0 40	0 35
— à Saint-Denis	0 60	0 30	0 60	0 45
Porte Saint-Ouen au chemin du Landy	0 10	0 .05		
— à Saint-Denis	0 30	0 15		
Chemin du Landy à Saint-Denis	0 20	0 10		

Cette ligne est en correspondance *à la Place Moncey* avec les lignes :

De la Villette à l'Etoile, — de la Villette au Trocadéro, — du squard des Batignolles au Jardin des plantes — de Clichy à l'Odéon, — tramways nord de Gennevilliers et Asnières au boulevard Haussmann.

Au boulevard Haussmann avec les lignes :

De la rue Tronchet à la Muette, — du Trocadéro au che- de fer de l'Est, — de la place du Hâvre à Vaugirard, — de Wagram à la Bastille, — de la gare Saint-Lazare à la place Saint-Michel.

Les voyageurs porteurs de correspondances provenant des lignes indiquées ci-dessus ont droit au transport gratuit jusqu'à la porte de Saint-Ouen.

Remises et Ecuries des Tramways de Saint-Denis

Route de Gonesse 10 à Saint-Denis

NOTAIRES

Me Besnard, rue des Ursulines, 11. Etude fondée en 1791, ouverte du 1er avril au 1er octobre (été), de 8 heures à 9 heures du soir; du 1er octobre au 1er avril, de 9 heures à 10 heures du soir (hiver).

Me Son-Dumarais (G.), rue des Ursulines 10. Etude fondée en 1643, ouverte du 1er avril au 1er octobre (été), de 8 heures à 9 heures du soir; du 1er octobre au 1er avril, de 9 heures à 10 heures du soir (hiver).

HUISSIERS

Me Cointepas,, rue Francklin, 6. Etude ouverte de 9 heures à 7 heures du soir.

Me Doussin, rue de Paris, 62. Etude ouverte de 9 heures à 7 heures du soir.

MÉDECINS

M. Badaire, avenue de Paris, 126, (Plaine Saint-Denis). Consultations : de midi à 2 heures du soir, le jeudi et le dimanche exceptés.

M. Bouchet, route de la Révolte, 6, (Porte Paris. Consultations : tous les jours de 1 heure à 3 heures du soir.

M. Dupuy ✠, rue Catulienne, 5. Consultations : tous les jours de 1 heure à 2 heures du soir.

M. Feltz ✠, rue des Ursulines, 30. Consultations : tous les jours de 2 à 3 heures du soir.

M. Iszenard ✠, rue de la Boulangerie, 29. Consultations : tous les jours de 2 à 3 heures du soir.

M. LEROY DES BARRES O. ✱, rue des Ursulines, 24. Consultations : tous les jours de 2 à 3 heures du soir.

M. NIQUET, rue Compoise, 77. Consultations : tous les jours de 1 à 3 heures du soir.

M. WEISS, boulevard Châteaudun, 27. Consultations : tous les jours de 2 à 3 heures du soir.

M. TEULIÈRE, rue Compoise, 20. Consultations : tous les jours de 1 à 3 heures du soir excepté le mardi ou les consultations sont gratuites ainsi que le samedi de 1 à 4 heures pour les enfants.

PHARMACIENS

MM. BOURET, rue Compoise, 69.
GABLIN, rue de Paris, 3.
FORTERRE (Ch.), rue de la Fromagerie, 7.
FRAZIER, rue de Paris, 48.
HERVIAUX, rue du Chemin de fer, 5.
PAGÈS, avenue de Paris, 169 (Plaine Saint-Denis).
CHAUVEL, avenue de Paris, 69 (Plaine Saint-Denis).
NALINE ✱, rue de Paris, 82.
OHNET, place Victor-Hugo, 15.
BAZÈNERIE, rue d'Aubervilliers, 1.
QUISERME, rue de Paris, 79.
SUDROT, rue de Paris, 60.
BERTHOD, rue de Paris, 125.

HERBORISTES

MM. DOUSSAN, rue Compoise, 56.
DIDIER, rue de Paris, 68.
BUCOURT, avenue de Paris, 77 (Plaine Saint-Denis).

SAGES-FEMMES

Mmes Camus, rue de Paris, 91.
Cornu, rue Compoise, 77.
Delapierre, rue de Paris, 101.
Didier, rue de Paris, 68.
Génot, rue Compoise, 57.
Gribauval, rue Aubert, 14.
Guérand, rue de la Boulangerie, 3.
Hérold, avenue de Paris, 102.
Judlin, rue Compoise, 93.
Klein, rue du Chevet de l'Eglise, 1.
Le Bras, rue Aubert, 3.
Rapicault, rue de Paris, 101.
Schwartz, rue du Saulger, 12.
Séguin, rue de Paris, 81.
Suize, rue Lanne, 2.
Thomasset, avenue de Paris, 72.

DENTISTES

M. Sormani, rue d'Aubervilliers, 12. Visible tous les jours de 10 heures à 6 heures, le mardi de 1 à 3 heures excepté. (On se rend à domicile).

Mme Mamelzer, rue des Ursulines, 4. Visible tous les jours de 10 heures à 6 heures, le samedi excepté. (On se rend à domicile).

Mlle Didier, rue de Paris, 68.

VÉTÉRINAIRES

MM. Berthé (A.), rue de Toul, 9.
Pradère, rue des Ursulines, 18.
Loyal, rue de Paris, 86.

PENSIONNATS

De Garçons

M. Peyrafite, place aux Gueldres, 18

de Filles

Mesdames Anrigo, place aux Gueldres, 9.
Braun, place aux Gueldres.
Dames de la Compassion, place aux Gueldres, 18.
Delhaye, rue des Ursulines, 12.
Pélissier, avenue de Paris, 10.

CIRQUE

OU

SALLE DES FÊTES

Cirque pour théâtres, concerts, conférences et réunions publiques, etc., etc., etc.

Eclairage au gaz. — Nombre de places 2.000 environ.

S'adresser à M. Massin, rue de Paris, 102.

JOURNAUX LOCAUX

Journal de Saint-Denis

Moniteur général de la banlieue de Paris paraissant le jeudi et le dimanche, le numéro 0.10 c.

Rédaction et administration, rue du Port, 11 et 13.

Abonnements : 1 an, 10 fr.; 6 mois, 6 fr.; 3 mois, 3 fr.

Annonces : Anglaises, la ligne, 0 fr. 75; réclames, 1 fr.; faits divers, 2 fr.

Les abonnements et les insertions se paient d'avance.

Les manuscrits non insérés ne sont pas rendus.

Les annonces doivent être remises le mardi et le vendredi avant midi.

Le Tour de Paris

Journal Républicain, Politique, Illustré

Le numéro 0 fr. 10 c., paraissant tous les dimanches.

Rédaction et administration, 8, rue du Hanovre, Paris.

Abonnements : 6 francs par an.

Annonces : On traite à forfait.

SAINT-DENIS. — IMPRIMERIE LÉON MOTTE, 20, RUE DE PARIS.

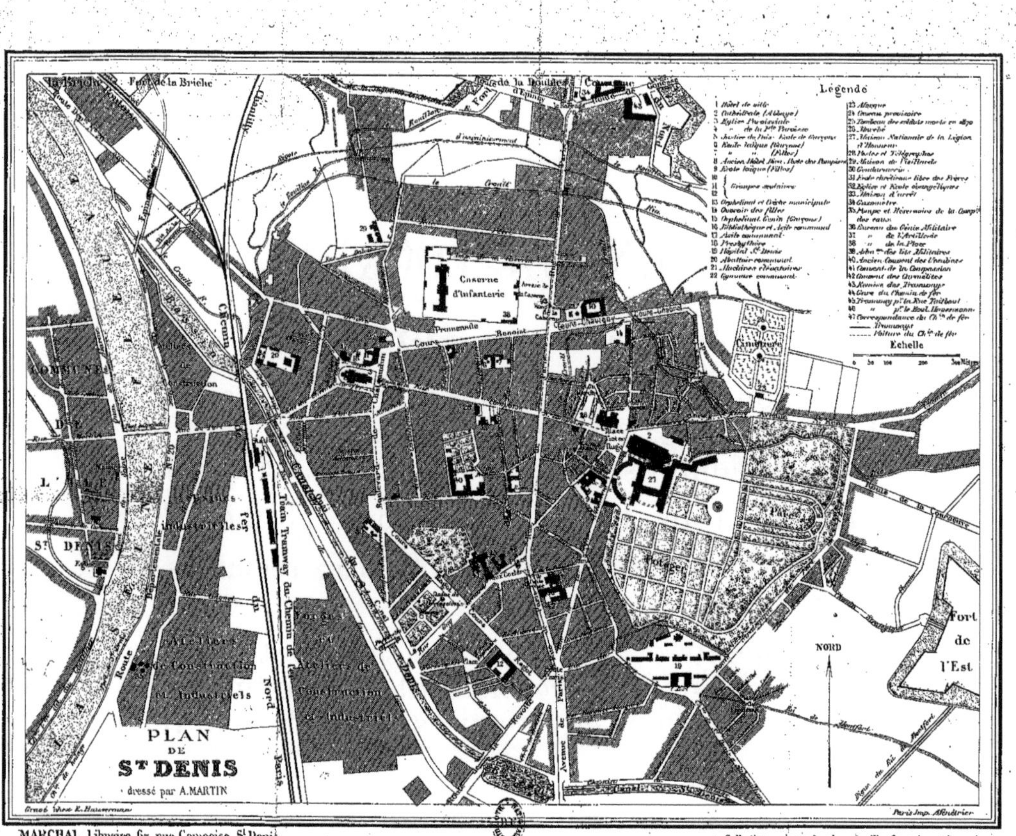

MARCHAL, Libraire, 67, rue Compoise, St Denis.

Collection unique, 250 plans de villes français et étrangères.

SAINT-DENIS. — IMPRIMERIE LÉON MOTTE, 20 BIS, RUE DE PARIS

www.ingramcontent.com/pod-product-compliance
Ingram Content Group UK Ltd.
Pitfield, Milton Keynes, MK11 3LW, UK
UKHW012038240726
13965UKWH00003B/892

9 782013 062817